초보자를 위한 신경망 딥러닝 입문

수식 없이, 코딩 없이 드래그 앤드 드롭으로 배우는 딥러닝

초보자를 위한 신경망 딥러닝 입문

수식 없이, 코딩 없이 드래그 앤드 드롭으로 배우는 딥러닝

지은이 아다치 하루카

옮긴이 김은철, 유세라

펴낸이 박찬규 엮은이 전이주 디자인 북누리 표지디자인 아로와 & 아로와나

펴낸곳 위키북스 전화 031-955-3658, 3659 팩스 031-955-3660

주소 경기도 파주시 문발로 115, 311호 (파주출판도시, 세종출판벤처타운)

가격 22,000 페이지 308 책규격 175 x 235mm

초판 발행 2018년 09월 05일

ISBN 979-11-5839-116-4 (93000)

등록번호 제406-2006-000036호 등록일자 2006년 05월 19일

홈페이지 wikibook.co.kr 전자우편 wikibook@wikibook.co.kr

이 도서의 국립중앙도서관 출판시도서목록(CIP)은

서지정보유통지원시스템 홈페이지(http://seoji.nl.go.kr)와

국가자료공동목록시스템(http://www.nl.go.kr/kolisnet)에서 이용하실 수 있습니다.

CIP제어번호 CIP2018027005

초보자를 위한
신경망
딥러닝
입문

**수식 없이, 코딩 없이
드래그 앤드 드롭으로 배우는
딥러닝**

아다치 하루카 지음
/
김은철, 유세라 옮김

위키북스

이 책의 독자를 위한 안내

이 책을 구매한 분은 다음의 원본 콘텐츠를 아래 사이트에서 내려받을 수 있습니다.

1. 5장 이후의 NNC 샘플 프로젝트와 프로세스 파일: 약 17KB
2. 이미지 데이터 세트(개 사진 약 500장): 약 1,659KB

http://wikibook.co.kr/neural-deep-learning/

위키북스 홈페이지로 가서 『초보자를 위한 신경망 딥러닝 입문』 책을 검색해서 찾습니다. 그러고 나서 이 책의 [예제 코드] 메뉴를 클릭하면 zip 파일을 내려받을 수 있습니다. 예제 파일을 내려받고 나서 아래의 압축 풀기 비밀번호를 입력합니다.

압축풀기 비밀번호: ndl1164

▪ 파일 불러들이는 방법

- 신경망 콘솔(NNC): HOME 화면의 Open Project를 클릭해 내려받은 프로젝트 파일(SDCPROJ)을 선택하세요.
- 래피드마이너(RapidMiner): 메뉴 바의 File에 있는 Import Process를 클릭해 내려받은 프로세스 파일(RMP)을 선택하세요.

주의

1. 이 책은 저자가 독자적으로 조사한 결과를 출판한 것입니다.

2. 이 책을 만드는 데 최선을 다하기는 했지만, 의심스러운 점이나 오류, 누락 등 문의 사항이 있으면 출판사로 연락 해주세요.

3. 이 책의 내용을 운용한 결과 및 그 영향에 대해서는 이 책의 저자, 발행인, 발행소, 기타 관계자 모두 책임을 지지 않으니 미리 양해 바랍니다.

4. 이 책의 기재 내용은 집필 시점인 2017년 9월에 얻은 지식 범위의 정보입니다. 이 책에 기재된 URL과 소프트웨어 의 내용, 웹 사이트의 화면 표시 내용 등은 예고 없이 변경될 수 있습니다.

5. 이 책에 게재된 화면 이미지 등은 특정 환경과 환경 설정에서 재현되는 일례입니다.

6. 이 책에 게재된 프로그램 코드, 이미지, 사진 등은 저작물이며, 저작자가 명기된 것의 저작권은 각 저작자에게 귀 속합니다.

7. 이 책에 게재된 프로그램 코드는 주로 이 책 3장에 게재된 환경에서 개발되고 그 환경 외에 다음 환경에서 동작을 검증했습니다.

- Windows 10 Home(64bit)

상표의 취급

1. 신경망 콘솔(Neural Network Console)은 소니 네트워크 커뮤니케이션 주식회사가 제공하는 딥러닝 툴입니다.

2. 이 책에서 사용하는 소니, SONY, 기타 소니의 제품명, 서비스명과 로고는 소니 상표 또는 등록 상표입니다.

3. 그 밖에 이 책에 사용한 상품명, 서비스명, 직장명, 단체명 및 로고 마크는 각 회사 또는 각 단체의 상표이거나 등 록 상표인 경우가 있습니다.

4. 이 책에서는 기본적으로 본문에 ™ 마크, ® 마크 등의 표시를 생략했습니다.

5. 이 책의 본문에서 일본 법인 회사 이름을 표기할 때는 주식회사를 생략한 약칭을 사용합니다. 또, 해외 법인의 회 사명을 표기할 때도 'Inc', 'Co., Ltd.'를 생략한 약칭을 사용합니다.

이 책은 수식에 익숙하지 않고 프로그래밍이 서툰 IT 엔지니어가 딥러닝 기술을 이해하고 프로그래밍 없이 구현하는 데 도움이 됩니다.

딥러닝은 AI(인공지능)의 한 가지 기술로 주목받으며 비즈니스는 물론 개인적으로도 그 이용이 증가하고 있습니다. 그러나 딥러닝을 처음 접하는 사람에게는 이론(특히 이론을 설명하는 수식)을 이해하기 어렵고 어떻게 구현해야 할지 모른다는 점이 큰 장벽이 되고 있습니다.

이 책에서는 다음과 같이 이러한 장벽을 넘습니다.

1. 수식 없이 기법을 이해

앞으로 딥러닝을 사용하기 위해 알아 둬야 할 세 가지 기법 즉, (1) 신경망, (2) 합성곱 신경망, (3) 재귀 신경망에만 초점을 맞췄습니다.

이 책에는 각 기법의 시스템을 그림으로 설명하고 수식은 전혀 나오지 않습니다!

따라서 거부감 없이 읽을 수 있으며 구현에 필요한 최소한의 지식을 효율적으로 얻을 수 있습니다. 아울러 기법에 관한 시스템을 수식과 함께 좀 더 이해하고 싶을 때를 위해 책의 맨 끝에 참고 서적을 소개합니다.

2. 간단하게 구현할 수 있는 소프트웨어 사용

소니가 개발하고 소니 네트워크 커뮤니케이션즈가 무료로 제공하는 AI 툴 Neural Network Console(NNC)을 사용합니다.

드래그 앤드 드롭 조작으로 네트워크를 만들고 버튼 하나로 처리를 실행합니다!

NNC를 이용하면 GUI 환경에서 프로그래밍 없이 구현할 수 있습니다. 구현 예에서는 네트워크 만들기 순서를 표시하고 차례대로 설명합니다. 또한 구현 환경의 구축 방법도 처음부터 설명합니다. 이 책을 끝까지 읽고 구현하면 딥러닝의 사용법을 익힐 수 있습니다.

이 책의 내용은 체험 학습을 기본으로 합니다. 딥러닝의 기법을 자세히 이해하는 데는 시간이 오래 걸려 할 수 없다고 느끼며 좌절할 염려가 있기 때문입니다. 먼저 기법의 개요를 이해하고 구현을 체험하고 나서 시작합시다.

2017년 9월 아다치 하루카

Chapter 3   인공지능(AI) 툴과 신경망 콘솔(Neural Network Console)

Chapter 7 상급: 원본 데이터로 구현해 보자!

부록 A

Chapter

1

AI 세계에 오신 것을 환영합니다

● ●

최근 몇 년 동안 AI는 신문의 1면 기사나 화제 뉴스로 다뤄지며 급속도로 주목을 받았습니다. 그리고 이미 AI를 탑재한 로봇이나 가전, 챗봇 등이 등장해 사회에 널리 보급되고 있습니다. 이 장에서 AI를 활용하기 위해 AI와 그것을 둘러싼 기술을 중심으로 필요한 지식을 차례차례 배워 나갑시다.

1.1 AI와 데이터 과학

인공지능(Artificial Intelligence: AI)은 1956년에 정의됐고[1] 주로 학문적으로 연구를 진행해 왔습니다. 1960년대에 첫 번째 붐(탐색과 추론)이 일어나고 1980년대에 두 번째 붐(엑스퍼트 시스템)이 일어났습니다[2]. 그러나 당시 각 기법은 복잡한 문제를 풀 수 없거나 문제를 풀기 위해 사용하는 기계의 성능이 부족해 AI 붐이 사그라지면서 실용화에 이르지 못하고 끝났습니다. 이후 2013년부터 현재까지 세 번째 붐(머신러닝과 딥러닝)이 일어나고 있습니다[2].

이번 붐에서는 IoT(Internet of Things: 사물 인터넷) 보급에 의해 다양한 데이터를 수집할 수 있게 되고 데이터양이 증가하고 대량 데이터를 처리할 수 있는 고성능 기계가 등장함으로써 드디어 AI의 실용화가 진행되고 있습니다. 대표적인 예로 구글의 고양이 인식[3]과 바둑 소프트웨어 알파고(AlphaGo)[4]를 들 수 있습니다. 그리고 산업계에서 AI를 탑재한 제품이나 서비스를 출시하기 시작했고 해마다 AI에 대한 관심이 높아지고 있습니다[5].

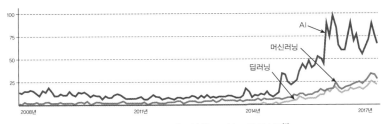

그림 1-1. 구글 트렌드 분석으로 본 AI의 관심도[5]

그림 1-1을 보면 AI와 함께 **머신러닝**과 **딥러닝**(심층 학습)도 매년 관심이 높아지고 있음을 알 수 있습니다. 머신러닝과 딥러닝은 AI를 구현하기 위한 기법의 하나라고 말할 수 있습니다. 그리고 이러한 기법은 **데이터 과학**의 영역에서 필요한 기술입니다.

키워드가 여러 개 등장해 혼란스러울지도 모르겠습니다. 한번 정리하는 개념에서 다음 절에서 데이터 과학의 개요부터 소개합니다.

1.1.1 데이터 과학자의 기술

데이터 과학은 데이터에서 어떤 법칙(규칙)이나 패턴을 도출하고 새로운 가치를 뽑아내는 것을 목적으로 한 학문 영역입니다.

데이터 과학을 실천하는 사람으로서 **데이터 과학자**라고 불리는 직업이 있습니다. 이 직업이 향후 10년이나 이번 세기의 가장 매력적인 직업이 될 것이라고 말하기도 합니다[6]. 데이터 과학자의 주요 업무는 데이터를 분석하는 것이라고 생각하는 사람도 있을 것입니다. 잘못된 인식은 아니지만 옳다고도 할 수 없습니다. 데이터 과학자 협회는 '데이터 과학자란 데이터 과학 능력과 데이터 엔지니어링 능력을 바탕으로 데이터에서 가치를 창출하고 비즈니스 과제에 답을 내는 전문가'라고 정의합니다[7]. 이를 표현한 것이 그림 1-2입니다.

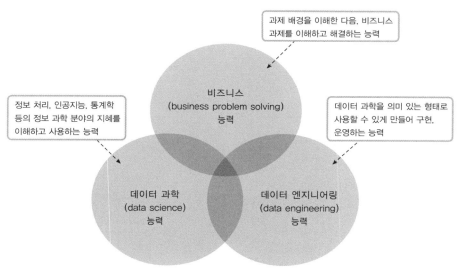

그림 1-2. 데이터 과학자에게 필요한 기술[7]

▶▶▶ 비즈니스 능력이란 과제 배경을 이해한 다음, 비즈니스 과제를 정리하고 해결하는 능력입니다. 단지 마구 잡이로 눈앞에 있는 데이터를 해석하면 가치 없는 결과를 낳습니다. 해석하기 전에 목표를 설정하는 것이 중요합니다.

▶▶▶ 데이터 과학 능력은 정보 처리, 인공지능, 통계학 등의 정보 과학 분야의 지혜를 이해하고 사용하는 능력입니다. 통계 분석, 머신러닝, 딥러닝 기법 중 적절한 것을 선택하고 사용하는 능력이 필요합니다.

▶▶▶ 데이터 엔지니어링 능력은 데이터 과학을 의미 있는 형태로 사용할 수 있게 만들어 구현, 운영하는 능력입니다. IoT 기기나 데이터베이스 등에서 출력한 데이터(이른바 로우 데이터)를 해석할 수 있는 형태로 가공(**전처리**)하는 기술력이 요구됩니다.

이상과 같이 세 가지 기술의 일부를 설명했습니다. 자세한 내용은 데이터 과학자 협회가 발행한 기술 확인 목록에 게재돼 있습니다[7].

AI는 데이터 과학의 영역에 있습니다. 현시점의 AI는 SF 영화에 등장하듯이 제로의 상태에서 스스로 생각하며 성장할 수 있는 것이 아니라 아직 사람이 가르쳐 키워 가는 수준이 대부분입니다. 그래서 사람이 다루는 기술 세트 안에 포함돼 있습니다. 따라서 AI 기법만 배워서는 진정으로 활용할 수 없습니다.

1.1.2 데이터 과학의 업무

AI를 효과적으로 활용하기 위해서는 어떻게 하면 좋을까요? 이 대답을 데이터 과학자의 업무 흐름 관점에서 살펴봅시다. 정보 처리 추진 기구(IPA)와 데이터 과학자 협회는 데이터 과학자의 업무를 다음과 같이 정의합니다.

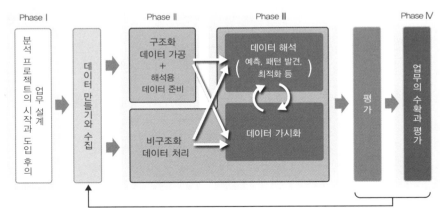

그림 1-3. 데이터 과학자의 업무[8]

업무는 기본적으로 Phase I에서 Phase IV로 가면서 한 방향으로 진행하는데, 때에 따라 전 단계로 되돌아갈 수도 있습니다. 각 단계에서 해야 할 업무를 다음에 설명합니다.

▶▶▶ 분석 프로젝트의 시작과 도입 다음의 업무 설계

이 단계에서는 프로젝트의 배경과 전제 조건을 이해한 다음, 프로젝트의 목적을 명확히 하고 목표와 성공 기준을 설정합니다. 아울러 프로젝트에 필요한 환경(하드웨어, 소프트웨어, 네트워크, 보안 등)을 준비합니다. 또한 단지 분석하고 끝나는 것이 아니라 결과를 대상 업무에 도입해 운영할 수 있게 업무 설계도 합니다.

▶▶▶ 데이터 만들기와 수집

이 단계에서는 프로젝트의 목적을 바탕으로 어떠한 데이터를 수집해야 하는지, 현시점에서 그 데이터를 수집할 수 있는지를 확인하고 수집할 데이터를 결정합니다. 아울러 수집하는 데이터의 종류에 맞춰 전처리와 분석의 기법이나 검증 방법도 결정합니다.

데이터의 종류는 그림 1-4에 있습니다[9]. 데이터는 성질에 따라 구조화 데이터와 비구조화 데이터로 나눌 수 있습니다. 자세한 내용은 다음 단계에서 설명합니다.

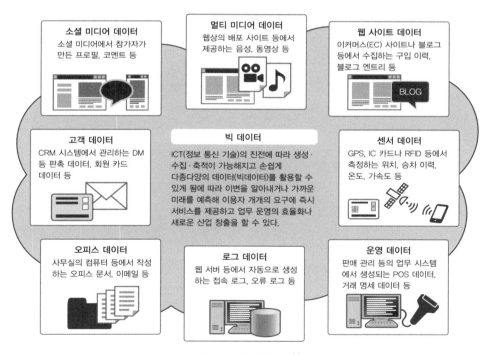

그림 1-4. 데이터 종류의 예[9]

▶▶▶ **구조화 데이터 가공+해석용 데이터 준비**

▶▶▶ **비구조화 데이터 처리**

구조화 데이터는 그림 1–4의 고객 데이터나 운영 데이터처럼 표 형식으로 다루는 것을 가리키며, 데이터 베이스로 관리하기 쉽다는 특징이 있습니다. 비구조화 데이터는 주로 이미지나 음성, 텍스트 형식으로 나타나며, 그림 1–4의 소셜 미디어 데이터나 멀티미디어 데이터, 웹 사이트 데이터, 센서 데이터, 로그 데이터, 오피스 데이터가 이에 해당합니다. 구조화 데이터보다 처리가 어렵습니다.

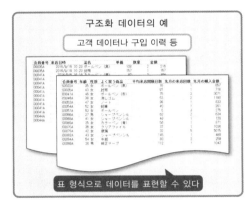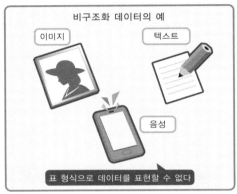

그림 1–5. 구조화 데이터와 비구조화 데이터

이 단계에서는 데이터를 다음 단계에서 사용하는 해석 방법에 맞는 형태로 변환하기 위해 전처리를 합니다. 구조화 데이터와 비구조화 데이터는 각각 전처리 방법이 다릅니다. 이 책에서는 구조화 데이터와 비구조화 데이터 모두를 대상으로 구현하므로 3장 이후에서 구체적인 전처리 방법을 다룹니다.

데이터의 전처리는 많은 경우 작업 전체 시간의 60~70%를 차지합니다. 데이터 세트를 어떻게 표현할 것인가가 해석 결과의 정밀도를 좌우하므로 충분히 시간을 들여야 합니다.

또한 사용하는 방법에 따라 전처리 내용이 바뀌기 때문에 항상 순서대로 처리합니다.

▶▶▶ **데이터 해석(예측 · 패턴 발견 · 최적화 등)**

이 단계에서는 정보 처리, AI, 통계학 등의 정보 과학 기술을 통해 데이터를 해석합니다. 구체적으로 말하면 평균이나 분산 등 기초 통계학으로부터 데이터의 특성을 파악하고 머신러닝이나 딥러닝 기법을 사용해 예측하거나 패턴을 발견하는 것입니다.

머신러닝의 각 방법은 이 책의 1.2절에서 설명하며 딥러닝의 각 기법은 2장에서 설명합니다.

모든 데이터에 적용할 수 있는 해석 기법은 없습니다. 프로젝트의 목적과 데이터에 따라 다른 기술과 파라미터를 사용합니다.

▶▶▶ **데이터 가시화**

이 단계에서는 프로젝트의 목적에 따라 해석 결과를 효과적으로 표현하기 위해 가시화합니다. 대표적인 예로 산포도, 히스토그램, 꺾은선 그래프 등이 있습니다(그림 1–6–a).

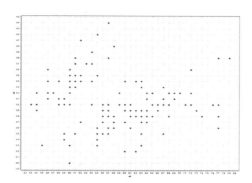

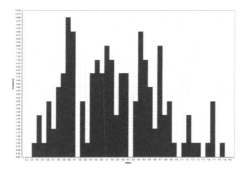
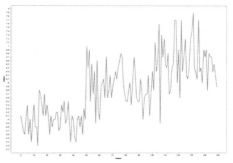

그림 1-6-a. 산포도(위), 히스토그램(왼쪽 아래), 꺾은선 그래프(오른쪽 아래)로 가시화

또 대상과 대상의 관계를 나타내는 네트워크 구조나(그림 1-6-b) 지도상에 데이터를 겹쳐 가시화하는 방법도 있습니다.

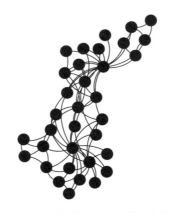

그림 1-6-b. 네트워크 구조를 이용해 가시화

데이터 해석 단계와 가시화 단계를 서로 반복적으로 수행해 전체적으로 결과 정밀도를 높입니다.

▶▶▶ 평가

이 단계는 해석 결과에 대한 평가와 프로젝트의 평가라는 양쪽 측면을 갖습니다. 프로젝트의 목표와 성공 기준에 비춰 판단합니다. 예를 들어 해석 결과의 정밀도는 낮은데 다른 사람이 이해하기 쉽고 활용 방안을 내기 쉬운 결과와 해석 결과의 정밀도는 높은데 다른 사람이 이해하기 어렵고 활용 방안을 내기 어려운 결과 두 가지가 있다고 합시다. 일반적으로 전자를 선호하는 경향이 있지만 어느 것을 선택할지는 때에 따라 다릅니다.

▶▶▶ 업무로의 도입과 평가

이 단계에서는 해석 결과를 대상 업무에서 활용할 수 있게 시스템을 개발하고 운용해 효과를 모니터링하고 피드백을 제공해 추후 개선에 활용합니다.

지금까지 데이터 과학 업무의 단계별 개요를 설명했습니다. 각 단계에 필요한 기술을 알고 싶으면 데이터 과학자 협회가 발행하는 기술 확인 목록 확인하세요[7].

그림 1-3의 업무를 빠짐없이 수행하면 AI를 잘 활용할 수 있습니다. 이제 AI를 둘러싼 기술을 전체적으로 파악했나요?

이 책은 딥러닝 기법을 사용하는 것이 목표이기 때문에 전체적인 데이터 과학에 대해서는 더 이상 다루지 않습니다. 이어서 앞에서 언급한 머신러닝에 관해 설명합니다.

1.2 머신러닝

머신러닝은 데이터에 내재된 규칙(규칙성)과 패턴을 기계가 학습을 통해 얻는 것을 말합니다. 데이터양이 수십 건 정도로 적으면 사람이 규칙이나 패턴을 발견할 수도 있지만 현실의 데이터양은 대규모이고 구조가 복잡하며 사람이 처리할 수 있는 범위를 넘습니다. 그래서 이러한 처리를 기계에 맡기면 데이터로부터 유용한 지식을 효율적으로 얻을 수 있습니다. 머신러닝의 개념을 그림 1-7에 설명합니다.

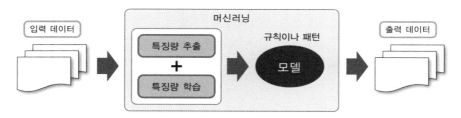

그림 1-7. 머신러닝의 개념

기계는 먼저 입력 데이터로 '학습 데이터'를 받고 그것으로부터 '특징량'을 추출합니다. 특징량은 각 데이터가 가진 어떠한 특징을 수치화한 것입니다. 특징량을 어떻게 추출할지는 사람이 정의해야 합니다.

특징량을 이해하기 쉽게 그림 1-8을 이용해 보충 설명합니다. 앞에서부터 걸어오는 사람이 남성인지 여성인지를 구분(분류)한다고 합시다. 실루엣이 아니라 수치나 Yes/No만으로 판단한다면 어느 속성에 주목해야 할까요?

나이	43세
출신지역	서울시
신장	162cm
체중	58kg
시력	1.2
머리카락 길이	38cm
치마 착용	네
하이힐 착용	네
목젖의 굴곡	작음

그림 1-8. 남녀를 구분하기 위해 주목해야 하는 속성은?

남녀를 구분하는 데 유효한 속성은 머리 길이, 치마 착용, 하이힐 착용, 목젖의 굴곡입니다. 그중에서도 특히 유효한 속성은 목젖의 굴곡입니다. 이 예에서는 속성값으로부터 앞에서 걸어오는 사람이 '여성'임을 알 수 있습니다. 다른 속성은 남성, 여성 모두에게 해당할 가능성이 있어 분류하는 데 유효하다고 할 수 없습니다. 그림 1-8에서는 특징량으로 '목젖의 굴곡'을 추출할 수 있습니다.

여기서는 주어진 데이터를 바탕으로 과거의 경험으로부터 예측했습니다. 머신러닝으로 할 수 있는 것은 크게 예측과 지식 발견입니다. 예측을 위해서는 지도 학습을 하고 지식 발견을 위해서는 비지도 학습을 합니다.

1.2.1 지도 학습과 예측

지도 학습에서는 정답 데이터(목적 변수라고 합니다)를 포함한 데이터 세트를 입력으로 사용합니다. 또 이 데이터 세트를 '학습 데이터'라고도 합니다. 그리고 목적 변수를 제외한 나머지 데이터(설명 변수라고 합니다)로부터 얻어진 출력 결괏값을 가능한 한 정답에 가깝도록 특징량을 찾아내 모델을 만듭니다. 마지막으로 정답 데이터를 갖지 않는 데이터 세트에 대해 만들어진 모델을 적용하고 예측 결과를 얻습니다. 이 데이터 세트를 '새로운 데이터'라고도 합니다.

지도 학습의 기법에는 k 근접법, 결정 트리, 랜덤 포레스트, 선형 회귀(다중 회귀), 로지스틱 회귀, 나이브베이즈, 서포트 벡터 머신, 신경망(뉴럴 네트워크) 등이 있습니다.

지금부터 꽃의 카테고리를 예측하는 문제를 예로 들어 결정 트리를 사용한 지도 학습에 관해 설명합니다. 사용할 데이터는 앞으로 데이터 분석을 공부할 때 다루기 쉽고 유명한 Iris 데이터 세트입니다[10]. 이 데이터 세트는 붓꽃의 종류(label)와 그것을 결정짓는 꽃잎의 길이 등의 형상(a1~a4), 각 꽃을 식별하는 번호(id)의 다섯 항목으로 구성됩니다. 목적 변수는 꽃의 종류(label)이며 설명 변수는 꽃의 형상(a1~a4)입니다.

이 데이터 세트를 학습 데이터로 입력합니다. 결정 트리를 사용해 학습하고 모델을 만드는 것이 그림 1-9(a)에 있습니다. 또 꽃의 종류를 모르는(정답이 없는) 데이터를 새로운 데이터로 하고, 만든 모델을 적용해 꽃의 종류를 예측하는 것은 그림 1-9(b)에 있습니다.

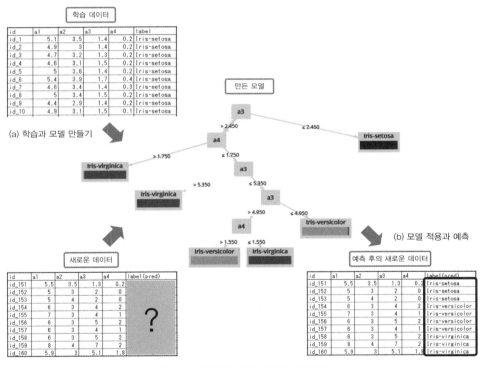

그림 1-9. 결정 트리로 꽃의 카테고리 예측하기

학습 데이터로부터 만든 모델은 그림 1-9의 중앙에 있는 트리 구조로 표현합니다. 예를 들어 트리 위부터 차례로 보면 먼저 '꽃의 형상 a3의 값이 2.450 이하면 꽃의 종류는 Iris-setosa'라는 규칙이 생성됩니다. 다음으로 '꽃의 형상 a3의 값이 2.450보다 크고 a4의 값이 1.750보다 크면 꽃의 종류는 Iris-virginica'라는 규칙이 생성됩니다. 다른 규칙도 마찬가지로 생성되며, 전체적으로 꽃을 종류에 따라 분류하는 패턴을 만듭니다.

새로운 데이터에 이 모델의 패턴을 적용하면 각각의 꽃이 어떤 종류인지 예측할 수 있습니다.

지도 학습은 기계·설비의 고장 예측이나 이상 감지, 고객 이탈 예측, 상품의 판매 예측, 이미지·음성 인식, 스팸 메일 찾기 등에 활용할 수 있습니다.

1.2.2 비지도 학습과 지식 발견

비지도 학습에서는 목적 변수를 포함하지 않고 설명 변수만으로 이루어진 데이터 세트를 입력으로 이용합니다. 이 데이터 세트 전체에서 특징량을 추출해 모델을 만듭니다. 그리고 출력 결과가 수치뿐이라서 라벨을 붙여 의미 있는 정보로 표시합니다.

비지도 기법에는 주성분 분석, 대응(correspondence) 분석, 연관성(association) 분석, 계층형 클러스터링, 비계층형 클러스터링, 네트워크 분석 등이 있습니다.

여기서는 그룹 분배 문제를 예로 들어 네트워크 분석을 사용한 비지도 학습에 관해 설명합니다. 사용할 데이터는 가라데 모임의 교우 관계를 나타내는 데이터 세트입니다[11]. 데이터 세트는 어떤 가라데 모임에 소속된 사람 34명에 대해 1대 1로 커뮤니케이션이 있으면 '1', 커뮤니케이션이 없으면 '0'인 인접 행렬로 표현합니다. 예를 들어 회원 1과 회원 3 사이에 커뮤니케이션이 있으면 그림 1-10 왼쪽 끝의 인접 행렬의 테두리를 친 부분의 수치가 '1'이 됩니다.

이 데이터 세트를 학습 데이터로 입력합니다. 그리고 네트워크 분석(클러스터링)에 따라 모델을 만드는 것을 그림 1-10(a)에 나타냈습니다. 또 분류된 각 그룹에 라벨을 붙여 의미 있는 정보로 만드는 것을 그림 1-10(b)에 나타냈습니다.

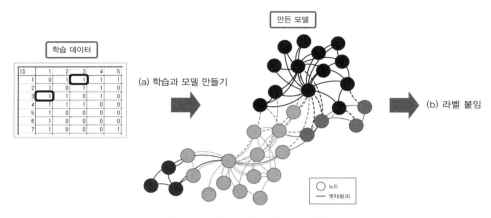

그림 1-10. 네트워크 분석에 의한 사람 그룹화

학습 데이터로부터 만든 모델은 그림 1-10의 중앙에 나타낸 네트워크 구조로 표현합니다. 원으로 나타낸 각각의 노드가 회원 한 사람 한 사람을 나타내며, 회원과 회원을 잇는 선(엣지)은 커뮤니케이션(교우)이 있음을 나타냅니다. 같은 색의 회원은 같은 그룹에 속하며 이 경우에 4개의 그룹이 있는 것을 알 수 있습니다.

내부 사정에 밝은 사람이 각각의 그룹에 속하는 회원을 확인하면 각 그룹의 성질이나 경향을 알 수 있고 라벨을 붙여 의미 있는 정보를 얻을 수 있습니다.

비지도 학습은 고객 그룹화, 상품 추천, 화제(토픽) 추출 등에 활용할 수 있습니다.

1.2.3 모델 만들 때의 검증

지도 학습과 비지도 학습에서의 모델 만들기의 개념을 설명했습니다. 모델은 한 번의 학습으로 만드는 것이 아니라 여러 번 학습을 거치면서 정밀도를 검증해가며 충분히 정밀도를 높여 만듭니다.

이는 지도 학습에서 하는 작업입니다. 검증 방법으로는 교차 검증법(Cross Validation)이 일반적으로 자주 쓰입니다.

교차 검증법에서는 먼저 학습 데이터를 랜덤으로 분할하고 '**훈련(트레이닝) 데이터**'와 '**테스트 데이터**'를 만듭니다. 여기서는 중복되지 않는 같은 크기의 데이터 10개를 분할해 9개를 훈련 데이터로 하고 1개를 테스트 데이터로 사용합니다.

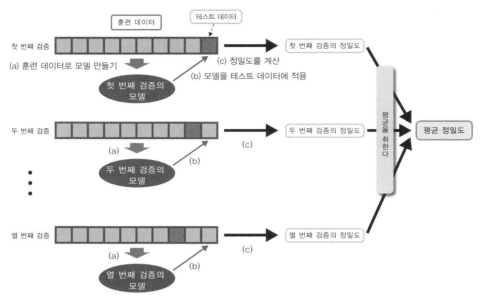

그림 1-11. 교차 검증법의 이미지

첫 번째 검증에서는 왼쪽부터 9개의 훈련 데이터를 사용해 모델을 만듭니다. 그리고 그 모델을 테스트 데이터에 적용합니다. 테스트 데이터는 정답(목적 변수)을 갖고 있기 때문에 정답 값(참값)과 적용한 값(예측값)을 사용해 모델의 정밀도를 계산합니다. 이때, 모델의 정밀도 계산에는 혼동 행렬(Confusion Matrix)을 사용합니다. 혼동 행렬의 사용법에 관해서는 4장에서 다시 설명합니다.

이처럼 두 번째, 세 번째로 검증을 반복하고 열 번째의 검증이 끝났을 때 전체 정밀도의 평균을 취해 그것을 모델의 정밀도로 정합니다.

1.2.4 머신러닝의 툴

지금까지 학습과 모델 만들기, 검증에 관해 설명했습니다. 이것들은 머신러닝 툴을 사용해 시험할 수 있습니다. 구현에는 상용 소프트웨어나 무료 소프트웨어를 이용하거나 프로그램 언어로 코딩하거나 GUI(프로그래밍 없이) 소프트웨어를 이용하는 등 다양한 선택 사항이 있습니다. 데이터 분석 정보 사이트 KDnuggets는 전 세계 데이터 분석자가 사용하는 소프트웨어(툴)를 조사한 결과를 발표했습니다[12].

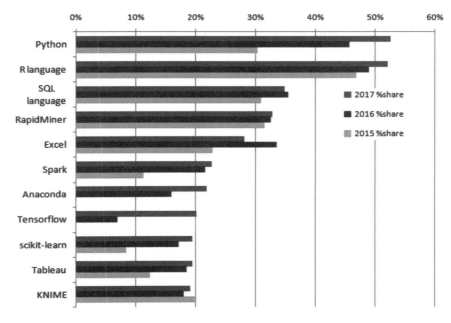

그림 1-12. 전 세계에서 많이 사용하는 분석 툴[12]

1위는 파이썬 언어입니다. 파이썬에는 사이킷런(scikit-learn), 사이파이(SciPy) 등 머신러닝 라이브러리가 많이 갖춰져 있으며, 프로그래밍을 막 시작한 사람부터 이미 프로그래밍에 익숙한 사람까지 폭넓게 인기가 있습니다. 2015년부터 2017년까지 이용자가 많이 늘었습니다.

2위는 통계 해석 소프트웨어 R입니다. 이는 코드를 작성해 구현합니다. 통계 분석 패키지가 많이 갖춰져 있는 게 장점인데, 머신러닝 패키지도 읽어 사용할 수 있습니다. 이것도 매년 꾸준히 이용자 수가 늘고 있습니다.

3위는 SQL 언어입니다. 보통은 데이터베이스 조작에 사용되지만 데이터의 전처리를 할 수도 있습니다. 예를 들어 데이터에서 특정 행을 선택해 추출하고 다른 테이블을 결합하는 것을 들 수 있습니다. 2015년부터 2016년까지는 이용자 수가 증가했지만, 2016년부터 2017년까지는 이용자 수가 감소했습니다.

마찬가지로 전처리를 하는 툴로서 NYSOL의 MCMD가 있습니다. NYSOL은 일본에서 생겨난 무료로 사용할 수 있는 분석 툴 군입니다[13]. 그림 1-12와 같이 많은 분석 소프트웨어가 유럽이나 미주에서 생겨난 점을 생각하면 신기한 툴이라고 말할 수 있습니다.

MCMD는 NYSOL에 포함되는 툴의 하나로 전처리 기능에 특화해 빠르게 처리할 수 있다고 평가되고 있습니다. SQL보다 빠른 처리도 가능하며 일본을 중심으로 매년 이용자 수가 늘고 있습니다.

4위는 GUI 데이터 분석 소프트웨어 래피드마이너(RapidMiner)입니다. 프로그래밍 없이 구현할 수 있어 IT 엔지니어가 아닌 사람도 다루기 쉬운 것으로 알려져 있습니다. 이 툴은 1위부터 3위까지와는 달리 상용 제품입니다. 분석 소프트웨어 개발 회사인 래피드마이너(RapidMiner)사가 판매하는데, 일부는 오픈 소스로 무료로 사용할 수 있습니다. 7장의 구현에서 전처리에 래피드마이너 무료판을 사용하므로 자세한 사용 방법은 나중에 다시 설명하겠습니다.

5위는 표 계산 소프트웨어 엑셀(Excel)입니다. 원래는 장부 작성용 소프트웨어이지만 통계 해석 기능이 일부 갖춰져 있습니다. 마이크로소프트(Microsoft)사가 개발·판매하고 같은 회사의 제품인 Power BI와 제휴할 수 있는 BI(Business Intelligence) 툴로 사용할 수도 있습니다.

이상의 순위로부터 전 세계의 데이터 분석가 대다수가 프로그램 언어를 사용해 분석 작업을 구현할 거라고 생각할 수 있습니다. 그림 1-3에 나타낸 것처럼 분석 툴을 실제로 업무에 도입해 운용하려면 GUI 소프트웨어가 아닌 프로그램 언어로 구현하는 편이 좋습니다. 다만, GUI 소프트웨어를 사용해 효과를 검증한 후에 프로그램 언어로 구현할 수도 있습니다. 그림 1-9의 결정 트리는 래피드마이너를 사용하고 그림 1-10의 네트워크 분석은 R 언어를 사용해 구현했습니다.

머신러닝의 전체적인 개념이 이해됐나요? 이어서 이 책의 주축을 이루는 설명에 들어갑니다.

유용한 정보 1   파이썬과 R중 어느 것을 추천할까?

데이터 분석에 관한 정보 사이트 KDuggets의 조사에 따르면 2017년을 기준으로 데이터 분석 · 데이터
과학 · 머신러닝에는 파이썬이 가장 많이 사용된다고 합니다[14].

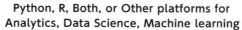

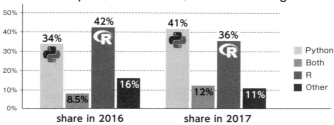

그림 1-13. 파이썬과 R의 공유

2016년에는 파이썬 이용자가 34%이고 R의 이용자가 42%로 R이 우세했습니다. 그러나 2017년에는
파이썬 이용자가 41%인 것에 반해 R의 이용자가 36%로 파이썬이 우세해졌습니다. 파이썬과 R을
병용하며 사용할 라이브러리가 있는 쪽을 선택하는 이용자도 증가하고 있습니다.

이처럼 파이썬의 이용자가 증가하는 이유를 KDnuggets에서는 여섯 가지로 소개합니다[15].

첫째, 커뮤니티가 활성화돼 있기 때문입니다. 아무리 뛰어난 툴이라 해도 이용자나 사용 사례가 없으면
그 가치는 묻히고 맙니다. 이 점이 파이썬의 장점입니다.

둘째는 기업 스폰서가 존재하는 것입니다. 예를 들어 구글은 자사의 애플리케이션을 파이썬으로
개발하고 있습니다. 이 사실로부터 이용자는 품질이 보증됐다고 생각해 안심하고 사용합니다.

셋째는 대규모 데이터를 다룰 수 있다는 점입니다. 비즈니스에서 다루는 데이터양은 날로 증가하고
있습니다. 파이썬은 그러한 데이터의 취급에 뛰어납니다.

넷째는 풍부한 라이브러리를 사용할 수 있다는 점입니다. 예를 들어 머신러닝 라이브러리
사이킷런(scikit-learn), 수치 계산 라이브러리 넘파이(NumPy), 과학 계산 프로그램 라이브러리
사이파이(SciPy), 그래프 작성 라이브러리 맷플롯립(Matplotlib), 이미지 처리 라이브러리 필로(Pillow),
웹 개발 라이브러리 장고(Django), C/C++ 컴파일러를 사용해 처리를 빠르게 하는 사이썬(Cython)
등이 있습니다. 이처럼 파이썬은 데이터 과학 분야뿐만 아니라 시스템이나 애플리케이션 개발 분야에도
적합합니다.

다섯째는 신뢰성을 높이는 효과가 있다는 사실입니다. 파이썬의 이용자는 파이썬은 처리가 신속하고
신뢰성이 높으며 효율적이라는 점에 동의합니다. 플랫폼에 좌우되지 않고 성능이 보장되기 때문에
범용성 또한 뛰어납니다.

여섯째는 프로그래밍 초보자에게 접근하기 쉬운 언어라는 점입니다. 2017년 프로그래밍 언어 인기 랭킹을 보면 파이썬이 학습 비용이 들지 않고 코드를 읽기 쉽다는 점으로 인해 1위를 차지하고 있습니다.

이상의 이유로 파이썬을 이용해 코드를 작성해 구현하기를 추천합니다.

유용한 정보 2   BI 툴과 데이터 분석 소프트웨어의 차이는?

오늘날 분석(애널리틱스)은 BI(Business Intelligence)와 BA(Business Analytics) 두 종류로 나뉩니다. BI는 BI 툴을 사용하고 BA는 일반적으로 데이터 분석 소프트웨어 툴을 사용합니다.

BI에서는 축적된 데이터에 대해 여러 각도에서 다차원으로 분석하는 OLAP(Online Analytical Processing) 처리나 전표류 등의 보고서 작성, 막대 그래프나 원 그래프 등 몇 종류의 그래프를 동일 화면에 표시해 정보를 공유하는 게시판 역할을 하는 대시보드를 작성합니다. 예를 들어 부서별, 고객별 매출 금액의 추이를 막대 그래프로 표현하고 상품별, 부품별 재고 수의 추이를 꺾은선 그래프로 표현합니다. 이처럼 BI에서는 과거나 현재의 정보를 시각적으로 파악할 수 있습니다. 한편 이러한 정보는 단면마다 집계된 것이기 때문에 각각의 정보는 묻혀 버립니다.

BI 툴의 구체적인 예에는 마이크로소프트사의 Power BI, IBM사의 Cognos, 태블로(Tableau)사의 Tableau가 있습니다.

BA에서는 기술 모델링, 예측 분석, 최적화와 시뮬레이션, 이미지, 텍스트, 음성 분석을 합니다. 데이터 과학과 거의 같은 것을 지향한다고 생각하면 됩니다. 특히 예측 분석은 이 책에서 다루는 내용으로 지도 학습의 1.2.1 항목에서 설명했습니다. 정답을 알고 있는 지도 학습(과거)으로부터 모델을 만들고 아직 정답을 모르는 새로운 데이터(미래)에 적용해 정답을 얻는 것입니다. 이처럼 BA는 과거의 정보로부터 미래를 예측할 수 있습니다. 또 BI와 달리 개개의 정보를 많이 다뤄 세세하게 분석할 수 있습니다.

데이터 분석 소프트웨어의 구체적인 예에는 SAS사의 SAS Enterprise Miner, IBM사의 SPSS Modeler, 래피드마이너사의 래피드마이너 등이 있습니다.

지금까지의 설명으로부터 BI에 의한 가시화의 다음 단계가 BA에 의한 예측임을 알 수 있습니다. 둘 다 분석을 나타내는 단어이기는 하지만 용도는 다릅니다. 잘 맞는 분야, 잘 맞지 않는 분야가 있으므로 목적에 따라 사용합시다.

1.3 신경망에서 딥러닝으로

1.3.1 신경망이란?

지도 학습 기법 중 하나인 신경망은 딥러닝의 바탕이 되는 기법입니다. 사람 뇌의 신경 세포를 모방한 수학적 모델로 고안됐습니다.

예를 들어 다음과 같은 상황을 생각해 봅시다. 커피가 담긴 컵이 테이블에 놓여 있고 그 컵이 테이블에서 떨어질 것 같은 찰나를 목격했다고 합시다. 많은 사람은 과거의 경험으로 컵이 바닥에 떨어질 것을 알고 있어 컵이 떨어지기 전에 손을 뻗어 잡습니다. 이때 사람의 뇌는 목격한 영상을 신호(입력)로 취합니다. 그 신호는 시냅스를 통해서 뉴런(신경 세포)에 차례로 네트워크처럼 전해지며, '만약 컵이 테이블에서 바닥에 떨어지면 내용물이 쏟아진다'는 규칙을 만듭니다. 커피가 쏟아지는 것은 나쁜 상태이므로 사람의 뇌는 컵을 잡도록 명령(출력)합니다.

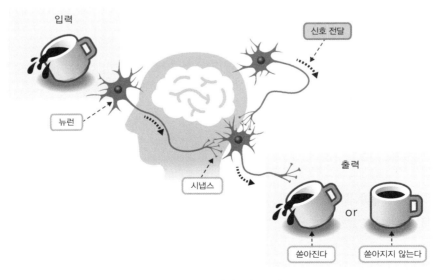

그림 1-14. 뇌의 네트워크 동작

신경망은 이처럼 뇌의 네트워크 구조를 바탕으로 고안됐습니다. 이 네트워크는 **입력층,**
중간층(은닉층), 출력층을 가진 계층 구조로 구성됩니다. 그림 1-15와 같이 각 층에는
'○'으로 표현된 **노드**가 몇 개 배치되고 각각의 노드 사이는 '—'로 표현된 **엣지(링크)**로
연결됩니다.

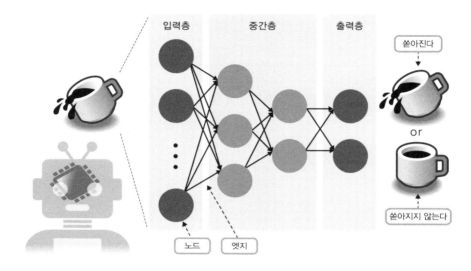

그림 1-15. 신경망의 동작

신경망은 입력층에서 출력층을 향해 차례로 데이터를 전파합니다. 각 층의 노드에는 수치
데이터가 저장됩니다. 다른 층 사이의 노드끼리는 엣지로 결합하기 때문에 노드에 저장된
수치 데이터가 엣지를 통해 다음 노드로 전파됩니다. 이때 엣지에는 **'가중치'**가 부여됩니다.
데이터가 입력층에서 전파돼 출력층에 이르면 출력값(예측값)을 얻을 수 있습니다.
중간층에서는 예측의 정밀도를 높이기 위한 학습을 합니다. 이런 신경망의 구조나 학습
방법은 2장에서 다시 설명합니다.

1.3.2 딥러닝은?

딥러닝은 신경망의 중간층이 여러 개 있는 모델을 만들 수 있기 때문에 딥 신경망(Deep
Neural Network: DNN)이라고도 합니다. 딥러닝은 2006년 토론토 대학의 힌튼(Hinton)

박사가 고안했습니다[16]. 딥러닝이 세상에 널리 알려지게 된 계기는 2012년에 구글 사가 '방대한 비지도 이미지 데이터로부터 기계가 고양이를 자동으로 인식했다'고 발표한 것이었습니다[3]. 또 2015년에 구글은 '바둑 소프트웨어 알파고가 프로 기사에게 승리했다'고 발표했습니다[4]. 이러한 새 시대의 시작이 사회에 충격을 주며 딥러닝이 널리 알려지게 됐습니다.

딥러닝의 기본 형태로 모든 노드가 엣지로 연결된 '전결합 신경망(fully connected)'이 있습니다.

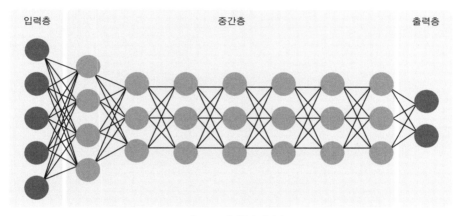

그림 1-16. 전결합의 신경망

딥러닝은 신경망에서 발전했으므로 '머신러닝의 기법'이라고 말할 수 있습니다. 그러나 한편으로는 '기존의 머신러닝과는 다른 학습'이라는 견해도 있습니다. 그 이유는 특징량의 추출에 있습니다. 머신러닝에서는 사람이 특징량을 추출하기 위한 정의를 해야 합니다. 그러나 딥러닝에서는 기계가 학습에서 특징량을 자동으로 추출합니다.

딥러닝은 특히 이미지나 음성, 언어 등의 비구조화 데이터에서 특징량을 추출하고, 높은 정밀도의 모델을 만드는 데 뛰어납니다. 이런 데이터는 설명 변수의 수(차원 수)가 많고 특징량 추출이 어렵습니다. 그렇기 때문에 기존의 머신러닝 기법을 이용해 높은 정밀도의 모델을 만들려면 이미지나 신호 처리, 자연 언어 처리에 관한 전문 지식이 필요합니다. 그런 상황에 딥러닝을 이용하면 기계가 자동으로 특징량을 추출해서 전문 지식이 부족해도 높은 정밀도의 모델을 만들 수 있습니다.

딥러닝의 신경망에는 그림 1-16에 제시한 기본적인 전결합의 구성 이외에도 데이터의 종류나 용도에 따라 다양한 네트워크 구성이 있습니다. 예를 들어 이미지 데이터에 대해서는 **합성곱 신경망**(Convolutional Neural Network: **CNN**)을 자주 사용하며, 텍스트나 음성 데이터에 대해서는 **재귀형 신경망**(Recurrent Neural Network: **RNN**)을 자주 사용합니다. 이들의 상세한 구조나 학습 방법은 2장에서 다시 설명합니다.

딥러닝은 이 밖에도 제조 라인의 이물질 감지, 음성 검색 엔진, 번역 시스템, 상품 정보(추천) 등 주변의 다양한 서비스에 활용되고 있으며 앞으로도 폭넓은 분야에서 활용되면서 더욱 발전해 갈 것입니다.

1장 정리

이 장의 앞부분에서는 최근 뉴스나 신문에서 자주 거론돼 이목을 끄는 AI는 어떤 존재인지, 데이터 과학의 분야부터 설명했습니다. AI는 데이터 과학자가 필요로 하는 기술 중 하나이며 데이터 과학의 한 영역으로 자리매김하고 있습니다. 다시 말해 AI는 현재 사람이 잘 활용해 가치를 얻기 위한 툴로 보입니다. AI가 주목을 끌면서 머신러닝과 딥러닝도 중요시되고 있습니다.

이 장의 중간에서는 머신러닝의 개요를 구체적인 예를 들어 설명했습니다. 머신러닝에는 지도 학습과 비지도 학습이 있으며, 전자는 예측, 후자는 지식 발견을 합니다. 학습에서는 데이터에서 규칙을 추출하는 모델을 만듭니다. 특히 지도 학습에서는 모델의 정밀도를 높이기 위한 검증에 대해서도 설명했습니다. 또 학습을 구현하기 위한 툴에 대해서도 몇 가지 다뤘으니 머신러닝에 관심이 있다면 참고하기 바랍니다.

이 장의 후반에서는 딥러닝의 바탕이 된 신경망의 개요와 신경망에서 딥러닝이 만들어진 경위를 설명했습니다. 그리고 딥러닝의 강점과 활용 방안에 대해서도 설명했습니다. 구체적인 구조나 사용법은 2장에서 자세하게 설명합니다.

▌인용

[1]   https://www.ai-gakkai.or.jp/whatsai/Altopics5.html

[2]   http://www.soumu.go.jp/main_content/000400435.pdf

[3]   https://googleblog.blogspot.jp/2012/06/using-large-scale-brain-simulations-for.html

[4]   https://japan.googleblog.com/2016/01/alphago.html

[5]   https://trends.google.co.jp/trends/

[6]   https://hbr.org/2012/10/data-scientist-the-sexiest-job-of-the-21st-century

[7]   https://www.datascientist.or.jp/common/docs/skillcheck.pdf

[8]   https://www.ipa.go.jp/jinzai/itss/itssplus.html

[9]   http://www.soumu.go.jp/johotsusintokei/whitepaper/ja/h24/html/nc121410.html

[10] Lichman, M.(2013). UCI Machine Learning Repository 'http://archive.ics.uci.edu/ml'. Irvine, CA: University of California, School of Information and ComputerScience.

[11] W. W. Zachary, An information flow model for conflict and fission in small groups, Journal of Anthropological Research 33, 452–473(1977)

[12] http://www.kdnuggets.com/2017/05/poll-analytics-data-science-machine-learning-software-leaders.html

[13] http://www.nysol.jp/

[14] http://www.kdnuggets.com/2017/08/python-overtakes-r-leader-analytics-data-science.html

[15] http://www.kdnuggets.com/2017/07/6-reasons-python-suddenly-super-popular.html

[16] http://www.cs.toronto.edu/~hinton/science.pdf

Chapter

2

딥러닝의 기법

● ●

1장에서는 딥러닝을 배우기에 앞서 필요한 전제 지식을 몇 가지 설명했습니다. AI를 사용해 할 수 있는 것, AI를 사용하기 위해 필요한 기술, 머신러닝과 딥러닝의 개요를 알아봤습니다. 이 책에서는 앞으로 딥러닝을 구현하는 것을 목표로 설명을 진행합니다. 그래서 이 장에서는 딥러닝의 각종 기법에 관한 구조와 학습 방법을 알아봅니다.

2.1.1 신경망의 개요

신경망은 머신러닝 기법의 한 종류이며, 사람 뇌의 네트워크 구조를 바탕으로 고안됐습니다. 그 네트워크는 **입력층, 중간층(은닉층), 출력층**을 가진 계층 구조로 구성됩니다. 입력층은 학습 데이터를 받는 장소, 출력층은 학습 결과를 출력하는 장소, 중간층은 데이터에서 특징량을 추출하는 장소입니다. 각 층에는 'O'으로 표현되는 **노드**가 배치되고, 노드 사이는 '—'로 표현되는 **엣지(링크)**로 연결됩니다. 엣지는 인접하는 층의 노드 사이를 잇습니다. 그리고 엣지는 **가중치**라는 양을 가집니다.

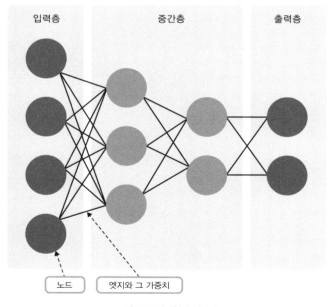

그림 2-1. 전결합의 신경망

신경망 학습에서는 한 층에서 다음 층으로 데이터를 보냄으로써 계산을 합니다. 이때, 입력층에서 차례대로 왼쪽에서 오른쪽으로 계산해가는 순전파와 출력층에서 역순으로 오른쪽에서 왼쪽으로 계산해가는 역전파를 반복합니다. 먼저 '순전파'에서 이뤄지는 계산을 살펴봅시다.

2.1.2 순전파의 구조

순전파에서는 데이터를 입력층에서 차례대로 보내 왼쪽에서 오른쪽 방향으로 계산해갑니다. 먼저, 각 층의 각 노드 값을 얻으려면 바로 앞 층의 각 노드의 값과 각각의 엣지의 가중치를 곱해 그 결과를 계산합니다.

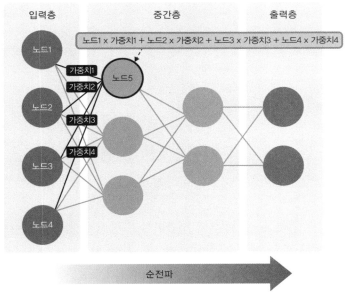

그림 2-2. 순전파의 구조(1)

그 계산한 결과를 '**활성화 함수**'로 변환함으로써 해당 노드의 값을 얻을 수 있습니다. 그리고 그 값을 다음 층의 노드로 전달합니다.

이 장을 포함해 앞으로 '○○ 함수'라는 생소한 수학 용어가 등장합니다. 딥러닝의 자세한 내용을 알기 위해서는 수식을 이해해야 하지만, 이 책은 딥러닝을 구현하는(사용하는) 것에 중점을 두므로 수식에 대한 자세한 설명은 생략합니다.

이 책에서는 구조를 그림으로 설명하고 언제 어떤 상황에서 사용하는지만 언급합니다. 수식과 함께 시스템을 이해하고 싶다면 책 마지막의 참고 문헌을 확인하세요.

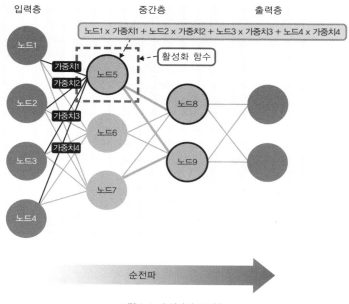

그림 2-3. 순전파의 구조(2)

활성화 함수는 합한 결과를 비선형으로 변환하기 위해 이용합니다. 중간층의 활성화 함수에는 **시그모이드 함수**, **쌍곡선 함수**(tanh: 하이퍼볼릭 탄젠트), **ReLU 함수** 등이 있습니다.

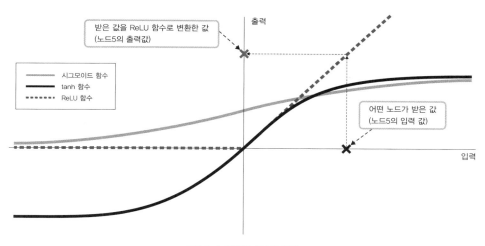

받은 값을 ReLU 함수로 변환한 값
(노드5의 출력값)

출력

시그모이드 함수
tanh 함수
ReLU 함수

어떤 노드가 받은 값
(노드5의 입력 값)

입력

그림 2-4. 활성화 함수의 형태

입력층에서 시작해 출력층에 다다를 때까지 모든 노드에 대해 이 계산을 합니다. 마지막에 출력층에서도 중간층과 마찬가지로 계산 결과를 활성화 함수로 변환해 출력합니다. 학습 유형이 **분류**(예를 들어 이미지 분류나 문서 분류 등)면 활성화 함수에는 **소프트맥스 함수**를 사용합니다. **회귀**(예를 들어 수요 예측 등)면 **항등 함수**를 사용합니다. 가령 입력 이미지가 개나 고양이 중 어느 것인지 분류하고자 할 때 출력층에서 소프트맥스 함수를 사용하면 개일 확률과 고양이일 확률을 각각 계산해 출력할 수 있습니다.

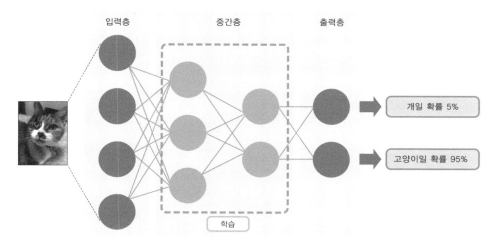

입력층   중간층   출력층

개일 확률 5%

고양이일 확률 95%

학습

그림 2-5. 이미지의 피사체가 개인지 고양이인지를 인식(분류)

2.1.3   역전파의 시스템

순전파 계산이 끝나면 다음은 역전파 계산을 시작합니다. 역전파에서는 먼저 출력층에서 얻은 결과와 정답(목적 변수의 값)을 비교하고 **오차 함수**를 이용해 오차를 구합니다. 오차는 참값(여기서는 목적 변수의 값)과 측정값(여기에서는 출력층에서 얻은 결과)의 차입니다. 오차 함수에는 학습의 유형이 분류면 **교차 엔트로피**를 이용하고 회귀면 **제곱 오차**를 이용합니다. 그리고 그 오차가 작아지게(출력층에서 얻어지는 결과가 목적 변수의 값으로 가까워지게) 엣지의 가중치를 점차 갱신해갑니다.

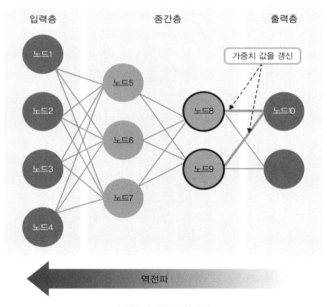

그림 2-6. 역전파의 구조

'오차를 최소화하도록 가중치 값을 갱신한다'는 것이 도대체 무엇일까요?

오차와 가중치의 관계, 또 가중치를 갱신하는 개념에 대해 비탈길을 구르는 공에 빗대어 설명합니다. 공에는 '초기 위치에서 낮은 곳으로 도달'하려는 힘이 항상 작용합니다. 굴러가는 공의 속도가 느리면 천천히 낮은 곳으로 도달합니다. 속도가 빠르면 공은 왔다 갔다 하기를 반복하다가 이윽고 낮은 곳에 도달합니다.

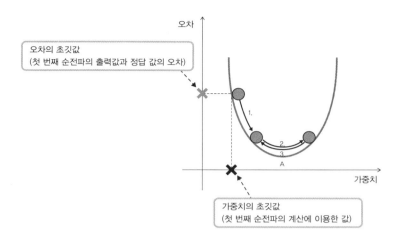

오차의 초깃값
(첫 번째 순전파의 출력값과 정답 값의 오차)

가중치의 초깃값
(첫 번째 순전파의 계산에 이용한 값)

그림 2-7. 가중치의 갱신 구조

여기에서 낮은 곳은 오차의 최솟값(최적의 가중치 값), 공의 위치(높이)는 가중치와 오차의
값, 공의 속도는 **학습 계수**에 해당합니다. 오차를 최소로 하기 위해 오차가 감소하는
방향으로 가중치를 갱신해가는 이 기법을 **경사 강하법**이라고 합니다. 학습 계수의 값이 너무
작거나 너무 커도 학습 횟수가 많아져 시간이 걸리므로 최적의 학습 계수를 골라야 합니다.
일반적으로 학습 계수는 0.0001~0.1 사이로 설정하면 됩니다. 오차를 최소화하기 위해
가중치를 갱신하면서 데이터를 출력층에서 입력층으로 전파한다는 사실 때문에 이 처리를
오차 역전파법이라고 합니다.

그림 2-7의 오차 곡선(**손실 함수**)의 형상은 오차의 최솟값(최적의 가중치 값)을 찾기 쉬운
형태입니다. 그러나 현실의 형상은 더 복잡합니다. 오차의 최솟값이 존재하는 데도(그림
2-8의 점 A) 잘못된 위치를 최솟값으로 착각할 때도 많습니다(그림 2-8의 점 B). 이 위치를
국소 최적점이라고 합니다.

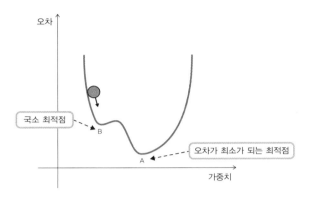

그림 2-8. 국소 최적점에 빠질 가능성

학습 데이터를 전부 사용해 학습하는 **배치 학습**을 하면 이러한 국소 최적점에 빠질 수 있습니다. 이를 막기 위해 학습 데이터를 분할해 학습하는 **미니 배치 학습**을 합니다. 미니 배치로 나눠 학습하면 앞에서 설명한 국소 최적점에 빠지는 것을 방지할 확률이 올라갑니다. 따라서 미니 배치 학습을 할 때는 앞에서 설명한 경사 강하법을 **확률적 경사 강하법**이라고 부릅니다. 또 미니 배치 수는 일반적으로 ~256개까지 설정하면 좋습니다.

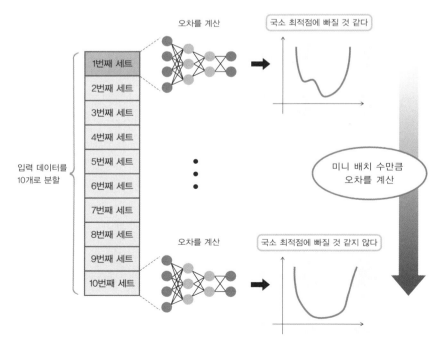

그림 2-9. 미니 배치 학습을 시행하는 장점

이상이 역전파의 계산입니다. 순전파와 역전파를 반복적으로 학습해 모델의 정밀도를 높여 갑니다.

유용한 정보 1   신경망의 바탕이 된 퍼셉트론

퍼셉트론(Perceptron)은 지도 학습(분류) 기법의 하나이며, 신경망 시스템의 바탕이 된 알고리즘입니다. 퍼셉트론 학습도 앞에서 설명한 내용과 마찬가지로 순전파와 역전파를 반복해 모델의 정밀도를 높여 갑니다.

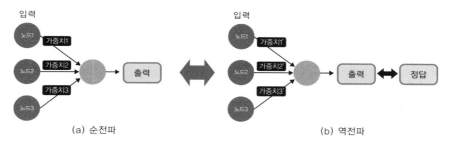

그림 2-10. 퍼셉트론의 순전파와 역전파

그림 2-10의 (a)에 있는 순전파에서는 노드 1∼3에 저장된 학습 데이터에 각각 가중치 1∼3을 곱한 다음 모두 더합니다. 그리고 그 결과를 활성화 함수로 변환해 출력합니다. 출력값과 정답 값을 비교해 그림 2-10(b)에 나타낸 역전파에서는 오차가 임계 값보다 작아질 때까지 가중치 1∼3의 값을 갱신하고 가중치 1'∼3'를 얻습니다.

퍼셉트론으로부터 SVM 등장

퍼셉트론은 선형 분리할 수 있는 문제는 풀 수 있지만, 선형 분리할 수 없는(비선형) 문제는 풀 수 없습니다.

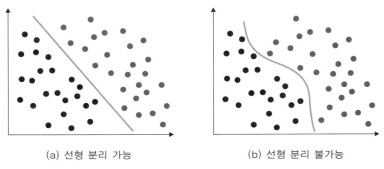

(a) 선형 분리 가능   (b) 선형 분리 불가능

그림 2-11. 분리선을 그어서 데이터를 2개로 분류

선형 분리 가능은 그림 2-11(a)처럼 직선을 그어서 데이터를 분류할 수 있는 것을 가리킵니다. 선형 분리 불가능은 그림 2-11(b)처럼 곡선을 긋지 않으면 데이터를 분류할 수 없는 것을 가리킵니다. 직선의 분리선을 그어서 데이터를 분류할 수 있게 한 기법이 서포트 벡터 머신(Support Vector Machine: SVM)입니다.

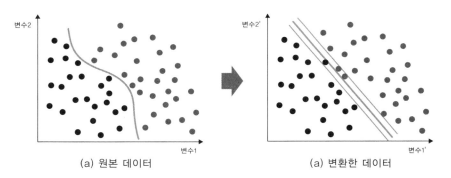

(a) 원본 데이터   (a) 변환한 데이터

그림 2-12. SVM을 사용하는 분류

SVM은 커널 함수를 사용해 데이터를 변환하고 직선의 분리선을 긋습니다. 이때, 분리선에 폭(마진)을 줍니다. 이 폭을 좁히면 모델의 정밀도는 오르지만 모델의 일반화 능력은 떨어집니다. 일반화 능력에 대해서는 2.2절에서 설명합니다. 폭을 어디까지 허용할지는 분석의 목적에 따라 다릅니다.

2.2 딥러닝

딥러닝은 그동안의 신경망보다 많은 중간층을 가질 수 있고 더욱 복잡한 문제를 풀 수 있습니다. 따라서 **딥 신경망**(Deep Neural Network: **DNN**)이라고도 합니다. 딥러닝은 이미지나 음성, 텍스트 데이터 등 차원 수가 많은 비구조화 데이터를 잘 다룹니다.

중간층이 늘고 층이 깊어지면 앞에서 설명한 계산 방식만으로는 적절한 학습을 할 수 없습니다(**경사 소실 문제**). 그러나 사전 학습을 하면 층이 깊어져도 적절한 학습을 할 수 있습니다. 이 사전 학습이 신경망에서 딥러닝으로 진화하는 계기가 됐습니다.

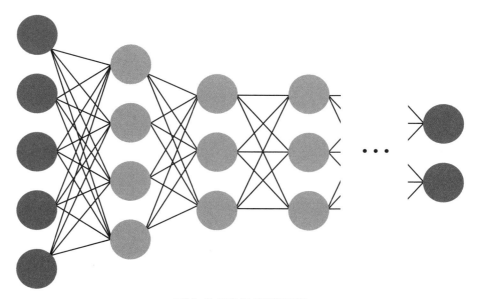

그림 2-13. 딥러닝의 대략적인 구조

2.2.1 오토 인코더 시스템

사전 학습 기법에는 **오토 인코더**(Auto Encoder: 자기부호화기)와 **제한된 볼츠만**(Restricted Boltzmann Machine: RBM)이 있습니다. 여기에서는 비교적 이해하기 쉬운 오토 인코더를 사용하는 사전 학습의 구조를 설명합니다.

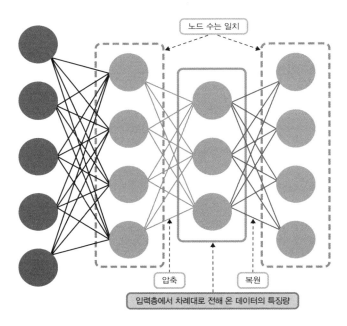

그림 2-14. 오토 인코더를 사용한 사전 학습의 구조

오토 인코더는 출력 데이터를 입력 데이터에 가까워지게(결국은 자신을 재현할 수 있게) 학습하는 방법입니다. 이른바 자신이 정답 데이터가 돼 정답 데이터를 별도로 준비할 필요가 없기 때문에 비지도 학습으로 분류됩니다.

사전 학습을 하는 목적은 복잡한 문제를 풀 수 있게 하려고 중간층의 수를 증가시켰을 때 학습이 적절하게 행해지도록 하는 데 있습니다. 이때, 입력층 측 엣지의 가중치는 입력층으로부터 받은 데이터를 압축해 특징량을 잘 추출할 수 있게 조정합니다. 출력층 측 엣지의 가중치는 특징량으로부터 원본 데이터를 복원할 수 있게 조정합니다. 이렇게 해서 중간층을 한 층씩 추가해 가며 깊은 네트워크를 구축합니다. 사전 학습에 의해 네트워크를 구축했으면 이번에는 정답 데이터를 이용해 지도 학습을 수행해 학습 모델의 정밀도를 높여 갑니다.

2012년에 구글이 발표해 화제가 된 고양이를 인식한 AI에도 오토 인코더가 사용됐습니다. 사람이 기계에게 '이것은(대상) 고양이'라고 답을 가르치지 않고 기계가 스스로 학습해 대상이 고양이라고 이해했다는 것입니다. 엄밀하게 말하면 '고양이 인식'이 아닌 '고양이를 표현하는 특징량을 얻었다'고 하는 것이 올바른 표현입니다[1].

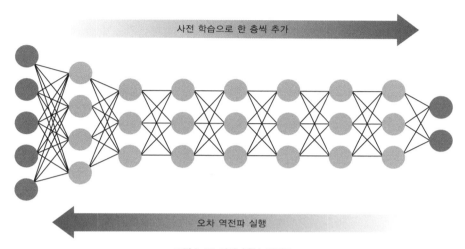

그림 2-15. 딥러닝 학습 개념도

또한 이 책에서는 1장 1.3절 이후부터 네트워크 구조가 복잡해지기 때문에 네트워크를 그림 2-16처럼 간략화해 표현합니다.

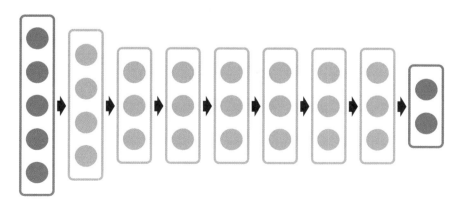

그림 2-16. 이 책의 네트워크 표현

그림 2-16은 그림 2-15를 간략하게 표현한 것입니다.

2.2.2 학습의 테크닉

딥러닝은 층이 깊어질수록 복잡한 구조가 됩니다. 이는 복잡한 문제를 풀 수 있는 이점이 있는 반면, **과잉 학습(과적합)**에 빠지기 쉽다는 결점도 있습니다. 과잉 학습은 학습 데이터를 사용해 만든 모델에 대해 학습 데이터는 적용되는데 학습 데이터 외의 데이터는 적용되지 않는 상태를 가리킵니다. 이때, 그 모델은 특정 데이터에만 기능할 뿐 일반화돼 있지 않습니다. 즉, **일반화 능력**이 없습니다.

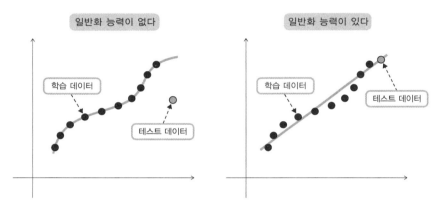

그림 2-17. 과잉 학습과 일반화 능력

과잉 학습을 완화하고 네트워크의 일반화 능력을 높이려면 정규화를 해야 합니다. 정규화에는 L1 정규화, L2 정규화(가중치 감쇠), 드롭아웃 등의 기법이 있습니다. L1 정규화는 특징 없는 변수의 가중치를 0에 가깝게 해서 특징이 있는 변수만 추출하는 기법입니다. L2 정규화는 변수의 가중치가 클수록 0에 가깝게 해서 가중치의 과도한 증가를 억제하는 기법입니다. 드롭아웃은 어떤 층 내의 노드를 몇 개 무시하고 학습하는 기법입니다.

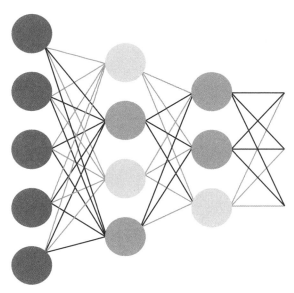

그림 2-18. 드롭아웃 개념도

지금까지 딥러닝의 구조와 학습 방법을 설명했습니다. 여기서는 모든 노드가 결합한 전결합형 신경망에 관해 설명했습니다. 그 밖에도 합성곱 신경망, 재귀형 신경망 등이 있습니다. 다음 절에서는 합성곱 신경망을 설명합니다.

2.3 합성곱 신경망

합성곱 신경망(Convolutional Neural Network: **CNN**)은 최근 몇 년 동안 이미지 인식에 자주 사용됐습니다. CNN은 피사체 인식이나 이상 감지 등에도 활용됩니다. 먼저 CNN의 구조를 살펴봅시다.

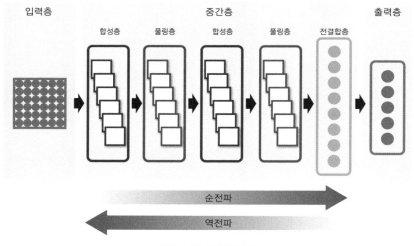

그림 2-19. CNN의 구조

CNN의 입력층은 학습 데이터로 2차원의 입력 데이터를 받습니다. 출력층은 학습의 결과를 출력합니다. 중간층은 합성층, 풀링층, 전결합층으로 구성됩니다. 일반적으로는 합성곱층과 풀링층을 번갈아 2개 세트를 배치합니다.

학습에 관해서는 1장 1.2절에서 설명한 것처럼 순전파와 역전파를 반복해 정밀도를 높입니다. 먼저 합성곱층과 풀링층의 구조에 관한 CNN에서의 순전파를 설명합니다.

2.3.1 합성곱층의 시스템

합성곱층에서는 2차원 데이터에 대해 필터링을 함으로써 데이터(각 노드)가 가진 수치와 필터 값을 곱해 국소적인 특징을 추출합니다. 이미지 데이터를 대상으로 할 때는 엣지(윤곽선) 검출 등과 같은 특징량 추출에 해당합니다.

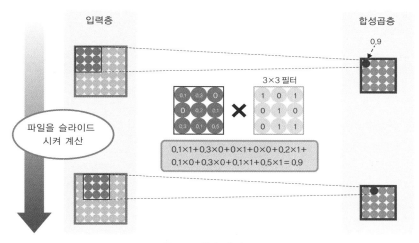

그림 2-20. 합성곱층의 구조

필터를 연이어 슬라이드 시켜 합성곱을 계산하고 활성화 함수를 적용해 학습 데이터의 특징량을 추출합니다.

2.3.2 풀링층의 시스템

풀링층에서는 합성곱층에서 받은 특징량에 대해 영역 내의 최댓값이나 평균값을 취함으로써 중요한 특징을 만들고 데이터를 압축합니다. 즉, 데이터의 특징을 더욱 세밀하게 표현할 수 있어 처리가 쉽습니다. 이미지 데이터를 대상으로 할 때는 풀링으로 이미지의 위치 오차를 흡수할 수 있습니다.

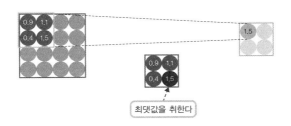

그림 2-21. 풀링층의 구조(최댓값)

풀링층의 결과는 1차원 데이터로 변환되고 전결합층으로 전달됩니다. 그 다음, 전결합층의 결과가 활성화 함수로 변환돼 출력층으로 전달됩니다. 그리고 출력층이 계산 결과를 활성화 함수로 변환하고 최종적으로 출력 결과를 얻습니다. 이상이 순전파의 처리입니다.

2.2절의 전결합 신경망과 CNN은 무엇이 다를까요? 예를 들어 여러 사람이 지정된 영역 내에 같은 문자를 쓰고 그것을 이미지 데이터로 변환한다고 합시다. 같은 문자를 쓰더라도 사람에 따라 쓰는 위치가 가장자리로 치우치기도 하고 형태가 기울기도 합니다.

특징량을 1픽셀(px) 단위의 작은 크기로 추출하면 이미지의 차이(오차)가 크기 때문에 다른 문자의 이미지로 인식할 수도 있습니다.

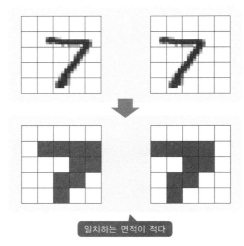

그림 2-22. 전결합 신경망일 때

그러나 CNN에서는 합성곱층에서 특징량을 영역 단위로 추출하고 풀링층에서 위치의 오차를 흡수하므로 둘을 같은 문자 이미지로 인식할 수 있습니다. 이것이 CNN을 이용하는 장점입니다.

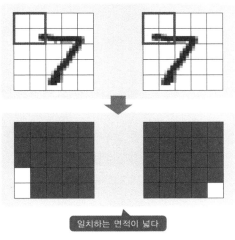

일치하는 면적이 넓다

그림 2-23. CNN일 때

2.3.3 패딩의 시스템

합성곱층과 풀링층에서 특징량을 추출하다보면 데이터의 크기가 원래 크기보다 작아집니다. 데이터의 크기를 유지하려면 특징량의 주위를 0으로 채우는 제로 패딩 기법을 이용하는 게 좋습니다. 제로 패딩을 하면 계산 횟수가 증가함에 따라 데이터의 가장자리 특징도 추출할 수 있습니다.

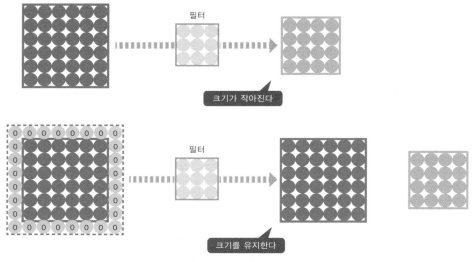

크기가 작아진다

크기를 유지한다

그림 2-24. 제로 패딩의 구조

역전파에서는 출력층에서 얻은 결과와 정답을 비교하고 오차 함수를 이용해 오차를 계산합니다. 그리고 오차가 최소가 되도록 출력층에서 입력층을 향해 오차 역전파법에 따라 합성곱층의 필터 파라미터를 갱신해 학습합니다. 필터의 파라미터는 1.2절에서 다룬 전결합 신경망에서의 엣지의 가중치에 해당합니다.

CNN에서의 학습 구조는 기본적으로는 2.1절과 2.2절에서 설명한 사고방식과 같습니다.

2.4 재귀형 신경망

재귀형 신경망(Recurrent Neural Network: **RNN**)은 시계열 등의 계열 데이터를 취급하는 신경망입니다. RNN은 텍스트나 음성 데이터 처리에 뛰어나며 기계 번역이나 교정에 활용할 수 있습니다. 지메일(Gmail)에서 메일을 답장할 때 보낼 문장의 후보를 자동으로 생성하는 기능인 Smart Reply에도 이 기술이 채용됐습니다[2]. 그럼 RNN의 구조를 살펴봅시다.

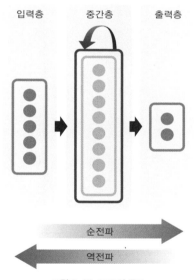

그림 2–25. RNN의 구조

RNN의 입력층은 학습 데이터로 시계열 데이터를 받습니다. 출력층은 학습의 결과를 출력합니다. 그리고 중간층은 2.1절 이후에 설명한 역할과 달리 과거의 중간층 상태를 기억해 재이용합니다. RNN에서의 학습도 2.1절에서 설명한 것과 같이 순전파와 역전파를 반복해 정밀도를 높입니다. 여기서는 그림 2–25처럼 학습 데이터를 시간 축으로 전개하고 먼저 RNN에서의 순전파를 설명합니다.

2.4.1 순전파와 역전파의 시스템

순전파에서는 입력층이 학습 데이터로 시계열 데이터를 받습니다. 중간층은 하나 앞의 시각 층과 현재 시각의 중간층의 각 노드와 엣지의 가중치를 곱하고, 그것들을 모두 더한 결과를 활성화 함수로 변환해 그다음 층의 각 노드로 전달합니다. 입력층에서 차례대로 계산한 결과가 출력층에 다다르면 출력층은 결과를 활성화 함수로 변환해 학습 결과로 출력합니다.

예를 들어 그림 2-26의 시각 t−1에서의 순전파를 생각하면 중간층이 입력층의 데이터와 시각 t−2의 중간층 데이터를 사용해 결과를 출력합니다.

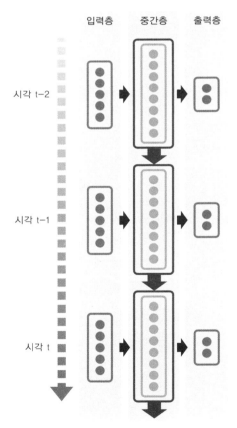

그림 2-26. RNN의 순전파(시간 축으로 전개)

역전파에서는 출력층에서 얻은 결과와 답을 비교하고 오차 함수를 이용해 오차를 계산합니다. 그리고 오차가 최소화되도록 출력층에서 입력층을 향해 오차 역전파법에 의해 엣지의 가중치를 조정해 학습합니다. RNN에서의 오차 역전파법은 1장 1.2절에서 설명한 것과 달리 시간을 거슬러 오차가 전파됩니다.

이 때문에 이것을 **시간 방향 오차 역전파법**(Back Propagation Through Time, **BPTT법**)이라고 합니다.

예를 들어 그림 2-27의 시각 t-1에서의 역전파를 생각하면 중간층에는 시각 t의 오차(출력층의 계산 결과와 정답의 차)가 전파됩니다.

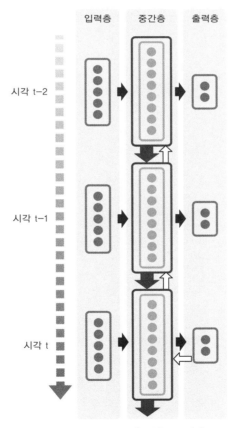

그림 2-27. RNN의 역전파(시간 축으로 전개)

RNN은 과거의 중간층 상태를 모두 기억하고 계산에 사용하므로 계산량이 많습니다. 또 이론상 어떤 시간의 중간층 상태는 하나 앞 시간의 중간층의 상태에 의존하므로 장기적인 의존 관계를 표현할 수 있고 어떤 시점으로부터 꽤 거슬러 올라간 중간층의 상태도 학습에 사용할 수 있습니다. 그런데 실제 계산에서는 어떤 시점에서 최근 중간층의 상태를 학습에 사용하는 경향이 생깁니다. 이 문제를 해소하는 방법의 하나로 **장단기 기억**(Long Short-Term Memory: **LSTM**)이 있습니다.

2.4.2 LSTM의 시스템

LSTM에서는 RNN의 중간층 노드를 LSTM 블럭으로 바꿔서 RNN을 학습합니다[3].

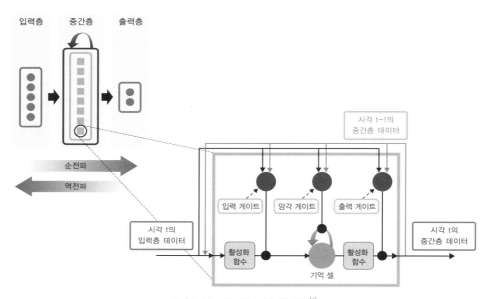

그림 2-28. LSTM의 구조(전체 개념)[4]

LSTM 블럭에는 입력 게이트, 망각 게이트, 출력 게이트라는 3개의 게이트와 기억 셀이 있습니다. 입력 게이트와 출력 게이트는 데이터의 전파를 제어합니다. 또 기억 셀은 망각 게이트를 통해 데이터 전파를 조정해 보유합니다. 이 LSTM 블록 내부에서 어떤 계산을 하는지 확인해 봅시다.

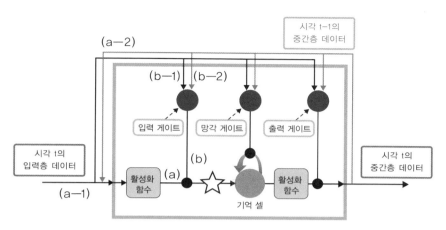

그림 2–29. LSTM의 구조(1)

기억 셀에 처음에 전달하는 데이터는 그림 2–29의 별 표시가 붙은 화살표이며, 다음 (a)와 (b)의 곱으로 구할 수 있습니다.

▶▶▶ (a–1): 시각 t의 입력층 데이터

▶▶▶ (a–2): 시각 t의 하나 앞 시각인 (t–1)의 중간층 데이터

▶▶▶ (a): (a–1)과 (a–2)의 합을 활성화 함수로 변환한 값

▶▶▶ (b–1): 시각 t의 입력층 데이터

▶▶▶ (b–2): 시각 t의 하나 앞 시각인 t–1의 중간층 데이터

▶▶▶ (b): (b–1)과 (b–2)의 합을 입력 게이트 내부의 활성화 함수로 변환한 값

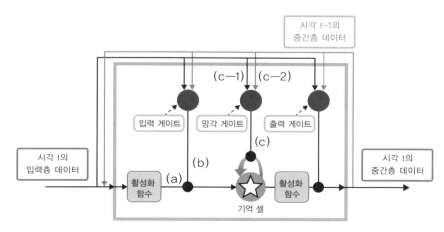

그림 2–30. LSTM의 구조(2)

기억 셀에 전달하는 데이터는 다음 두 가지입니다.

▶▶▶ (c-1): 시각 t의 입력층 데이터

▶▶▶ (c-2): 시각 t의 하나 앞 시각인 t-1의 중간층 데이터

▶▶▶ (c): (c-1)과 (c-2)의 합을 망각 게이트 내부의 활성화 함수로 변환한 값

이후 기억 셀에서는 (a)와 (b)의 곱, (c)와 시각 t의 하나 앞 시각인 t-1의 기억 셀 값의 곱의 합을 취합니다.

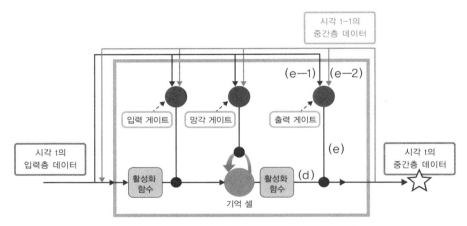

그림 2-31. LSTM의 구조(3)

마지막으로 (d)와 (e)의 곱을 구해 출력합니다.

▶▶▶(d): 기억 셀로부터 출력한 데이터를 활성화 함수로 변환한 값

▶▶▶(e-1): 시각 t의 입력층 데이터

▶▶▶(e-2): 시각 t의 하나 앞 시각인 t-1의 중간층 데이터

▶▶▶(e): (e-1)과 (e-2)의 합을 출력 게이트 내부의 활성화 함수로 변환한 값

LSTM 블록의 내부 처리는 이렇게 이루어집니다. 전파 데이터를 제어하고 보유 데이터를 조정하는 이 처리는 사람이 과거의 일을 전부 기억하는 것이 아니라 자신에게 중요한 일만 선택해 기억했다가 생각해내는 것과 비슷합니다.

LSTM은 단순한 RNN의 결점인 중간층의 장기 의존 학습을 가능하게 한 획기적인 기법입니다.

LSTM 블록 내부의 입력 게이트와 망각 게이트를 갱신 게이트로 통일하고 장기 의존 학습을 개량한 기법으로 **GRU**(Gated Recurrent Unit)가 있습니다. GRU는 마이크로소프트사의 채팅 봇 린나에 탑재돼 사람과의 원활한 의사소통을 돕고 있습니다[5].

2장 정리

이 장에서는 딥러닝에서 자주 사용하는 기법과 그 학습 방법을 설명했습니다.

이 장의 앞부분에서는 신경망의 구조와 그 진화형인 딥러닝(딥 신경망)의 구조, 학습 방법을 설명했습니다.

네트워크는 크게 나눠 입력층, 중간층, 출력층이 있습니다. 각 층에는 수치를 저장하는 노드가 전면에 깔려 있으며 다른 층 사이의 노드는 엣지로 연결합니다. 그리고 학습에서는 입력층에서 출력층을 향해 계산해가는 순전파와 출력층에서 입력층을 향해 계산하는 역전파를 반복하면서 엣지의 가중치를 갱신하고, 출력층의 계산 값과 정답 값의 차(오차)가 작아지도록 해서 모델의 정밀도를 높여갑니다. 또 학습을 효율적으로 진행할 수 있는 기술도 몇 가지 소개했습니다.

이 장 중간에서는 CNN의 구조와 그 학습 방법을 설명했습니다. CNN에서는 네트워크의 중간층에 합성곱층과 풀링층을 도입합니다. 합성곱층은 필터를 통해 데이터의 특징량을 추출하고 풀링층은 특징량을 압축합니다. 이렇게 해서 위치의 오차를 흡수하고 보는 방법의 차이에 따른 오차를 작게 하는 역할을 합니다. CNN은 이미지 데이터에 대해 유효하며 이미지 인식에 사용됩니다.

이 장 후반에서는 RNN의 구조와 그 학습 방법을 설명했습니다. RNN은 네트워크의 중간층에 현재의 시각 외에 과거의 시각을 거슬러 가며 합산해 이용합니다. RNN 중에서 특히 LSTM이라는 기법을 설명했습니다. LSTM은 중간층이 LSTM 블록으로 구성되며, 블록 내부에는 입력 게이트, 망각 게이트, 출력 게이트라는 기능이 있습니다. 블록 안의 기능이 데이터 전파를 제어하고 보유 데이터를 조정합니다. RNN은 텍스트나 음성 데이터 등의 계열 데이터에 효과적인 음성 인식과 문서 분류에 사용합니다.

이 장에서 설명한 방법은 4장 이후에서 구현하면서 그 기능을 확인합니다.

▌인용

[1]   https://googleblog.blogspot.jp/2012/06/using-large-scale-brain-simulations-for.html

[2]   https://research.googleblog.com/2017/05/efficient-smart-reply-now-for-gmail.html

[3]   F.A. Gers, J. Schmidhuber, F. Cummins., Learning to forget: Continual prediction with LSTM, Neural computation 12.10(2000): pp. 2451-2471

[4]   https://micin.jp/feed/developer/articles/lstm00

[5]   X.Wu, K.Ito, K.Iida, K.Tsuboi, M.Klyen, 린나: 여고생 인공지능. 언어 처리학회 22회 연차 대회, 2016

Chapter

3

인공지능(AI) 툴과
신경망 콘솔(Neural Network Console)

2장에서는 딥러닝에서 자주 사용하는 기법의 구조와 학습 방법을 설명했습니다. 딥러닝의 근본이 되는 신경망을 비롯해 이미지 데이터 처리에 뛰어난 합성곱 신경망(CNN), 텍스트, 음성 데이터 처리에 뛰어난 재귀형 신경망(RNN)에 대해 알아봤습니다.

내용을 이해했으니 이제 구현을 해 봅시다. 이 장에서는 딥러닝 구현에 사용하는 툴에 대해 설명한 다음 프로그래밍 없이 구현할 수 있는 툴인 신경망 콘솔의 개요를 설명합니다. 그리고 실제로 신경망 콘솔(Neural Network Console)을 설치해 환경을 구축하고 기본 조작을 배워 4장에서 구현하기 위한 준비를 합니다.

3.1 전 세계에 보급된 AI 툴

3.1.1 딥러닝의 주요한 툴

데이터 분석 정보 사이트 KDnuggets에서는 데이터 분석 툴 사용에 관한 조사를 했습니다. 그 조사 결과[1]에서 딥러닝의 툴 이용률은 2017년에 전체의 32%에 달했습니다. 2015년에 9%, 2016년에 18%였으니 매년 두 배씩 증가하는 것입니다. 2017년 조사 결과, 딥러닝에 관한 각 툴의 이용률은 그림 3-1과 같습니다.

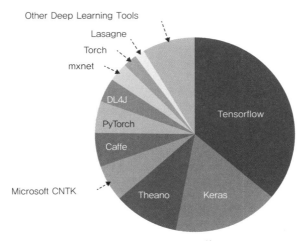

그림 3-1. 딥러닝 툴별 이용률[1]

※ 조사 결과[1]의 Deep Learning Tools절에서 얻은 자료로 작성

▶▶▶ 1위는 구글의 텐서플로(TensorFlow)입니다. 대응 OS는 리눅스(Linux), 윈도우(Windows), 맥(Mac) OS입니다. 대응 언어는 파이썬(Python), C++, 자바(Java), 고(Go)입니다. 라이선스는 아파치(Apache) 2.0이며 오픈 소스 라이브러리로 제공합니다. 텐서플로는 구글의 애플리케이션에 포함돼 있어 신뢰성이 높습니다.

▶▶▶ 2위는 구글의 엔지니어인 프랑소와 솔레(François Chollet)를 중심으로 개발된 케라스(Keras)입니다. 대응 OS는 리눅스, 윈도우, 맥 OS입니다. 대응 언어는 파이썬입니다. 라이선스는 MIT이며 오픈 소스 라이브러리로 제공합니다. 케라스는 딥러닝 라이브러리 텐서플로, CNTK, 테아노(Theano), MXNet, Deeplearning4j의 래퍼 라이브러리입니다. 이러한 라이브러리를 직접(네이티브로) 사용하지 않고 케라스를 통해 사용함으로써 좀 더 쉽게 구현할 수 있다는 장점이 있습니다.

▶▶▶ 3위는 몬트리올 대학의 테아노(Theano)입니다. 대응 OS는 리눅스, 윈도우, 맥 OS입니다. 대응 언어는 파이썬입니다. 라이브러리는 BSD이며 오픈 소스 라이브러리로 제공합니다.

▶▶▶ 4위는 마이크로소프트의 CNTK입니다. 대응 OS는 리눅스와 윈도우입니다. 대응 언어는 파이썬입니다. 라이선스는 MIT이며 오픈 소스 라이브러리로 제공합니다. CNTK는 여러 개의 GPU 머신에서 빠르게 병렬 학습할 수 있는 게 특징입니다.

▶▶▶ 5위는 버클리 비전 및 학습 센터(Berkeley Vision and Learning Center)의 카페(Caffe)입니다. 대응 OS는 리눅스와 맥 OS입니다. 대응 언어는 파이썬과 C++입니다. 라이선스는 BSD이며 오픈 소스 라이브러리로 제공합니다.

▶▶▶ 6위는 페이스북이 중심이 돼 개발하고 있는 파이토치(PyTorch)입니다. 대응 OS는 리눅스와 맥 OS입니다. 대응 언어는 파이썬입니다. 라이선스는 BSD이며 오픈 소스 라이브러리로 제공합니다. 토치(Torch)를 파이썬에서 이용할 수 있게 한 라이브러리입니다.

▶▶▶ 7위는 DL4J(Deeplearning4j)입니다. 대응 OS는 리눅스, 윈도우, 맥 OS입니다. 대응 언어는 파이썬, 자바, 스칼라(Scala)입니다. 라이선스는 아파치 2.0이며 오픈 소스 라이브러리로 제공합니다.

▶▶▶ 8위는 MXNet입니다. 대응 OS는 리눅스와 윈도우입니다. 대응 언어는 파이썬, C++, 스칼라입니다. 라이선스는 아파치 2.0이며 오픈 소스 라이브러리로 제공합니다.

▶▶▶ 9위는 토치(Torch)입니다. 대응 OS는 리눅스와 맥 OS입니다. 대응 언어는 루아(Lua), C++, 스칼라입니다. 라이선스는 BSD이며 오픈 소스 라이브러리로 제공합니다.

▶▶▶ 10위는 라자냐(Lasagne)입니다. 대응 OS는 리눅스, 윈도우, 맥 OS입니다. 대응 언어는 파이썬이며 오픈 소스 라이브러리로 제공합니다. 테아노를 기반으로 만들었습니다.

또 케라스와 같은 래퍼 라이브러리로 TFLearn이 있습니다. TFLearn은 텐서플로에 대응하며 ≪처음 시작하는 텐서플로: 파이썬과 TFLearn으로 수식 없이 배우는 딥러닝≫(위키북스, 2018)에서 사용법을 설명했습니다[2].

지금까지 설명한 툴은 모두 직접 프로그래밍해서 구현해야 하므로 딥러닝을 배우기가 어렵다고 느낄 수도 있을 것입니다. 실제로 프로그래밍을 배우는 사람 전체의 60%는 프로그래밍 소양이 없다는 연구 결과도 있습니다[3]. 한 예로 TFLearn을 사용해 CNN을 구현하는 부분의 파이썬 코드를 소개합니다.

```
## 3. 신경망 만들기##
## 초기화
tf.reset_default_graph()
## 입력층 만들기
net = input_data(shape=[None, 28, 28, 1])
## 중간층 만들기
## 합성층 만들기
net = conv_2d(net, 23, 5, activatin='relu')
# 풀링층 만들기
net = max_pool_2d(net, 2)
# 합성층 만들기
net = conv_2d(net, 64, 5, activation='relu')
# 풀링층 만들기
net = max_pool_2d(net, 2)
# 전결합층 만들기
net = fully_connected(net, 128, activation='relu')
net = dropout(net, 0.5)
#출력층 만들기
net = tflearn.fully_connected(net, 10, activation='relu')
net = tflearn.regression(net, optimizer='sgd', learning_rate=0.5, loss='categorical_cross
entropy')
```

그림 3-2. TFLearn에서 CNN을 구현

TFLearn은 텐서플로의 래퍼 라이브러리를 사용하고 있어 텐서플로를 직접 사용하는 것보다 훨씬 구현하기 쉽지만, 프로그래밍을 처음 하는 사람은 쉽지 않다고 느낄 수도 있습니다. 그래서 이 책에서는 딥러닝을 배워 활용하고자 하는 누구나 구현할 수 있도록 프로그래밍(코딩 작업) 없이 구현할 수 있는 툴로 소니사가 개발한 '신경망 콘솔(Neural Network Console)'을 다룰 예정입니다.

3.2 신경망 콘솔

신경망 콘솔(Neural Network Console)(앞으로 NNC로 기재합니다)은 프로그래밍 없이 딥러닝을 구현할 수 있는 툴입니다. 소니가 개발해 2017년 8월에 그룹 회사인 소니 네트워크 커뮤니케이션사에서 출시했습니다[4]. 대응 OS는 윈도우 8.1 이상이며 무료로 이용할 수 있습니다[1].

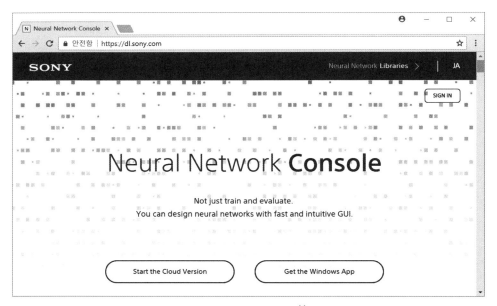

그림 3-3. NNC 공식 사이트[4]

---

1 NNC의 베이스가 된 라이브러리인 Neural Network Libraries는 OSS(오픈 소스 소프트웨어)인데, NNC는 개량이나 재배포 등을 금지하고 있어 OSS는 아닙니다. 또한 OS에 의존하지 않는 클라우드판 NNC를 2017년 11월에 추가했습니다.

NNC는 다음과 같은 특징이 있습니다.

▶▶▶ 드래그 앤드 드롭 조작으로 네트워크 만들기

입력층, 중간층, 출력층, 활성화 함수 등 네트워크를 구성하는 요소를 블록으로 표현합니다. 그리고 이러한 블록과 블록을 선으로 연결하면 간단하게 네트워크를 만들 수 있습니다. 그림 3-2에서 프로그래밍한 프로그래밍한 것과 비교했을 때 NNC는 프로그래밍 없이 직관적으로 조작할 수 있어 구현 시 난이도는 크게 높지 않습니다.

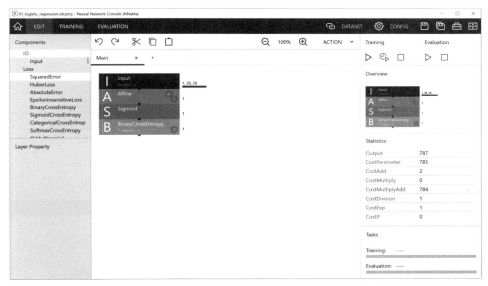

그림 3-4. 네트워크 만들기

▶▶▶ 버튼 하나로 학습과 평가를 실행

버튼 하나만 클릭하면 만든 네트워크에 준비한 데이터 세트를 넣고 학습을 시작합니다. 학습 상황은 순차적으로 표시되므로 오차의 갱신 과정을 따라갈 수 있습니다. 또 학습과 마찬가지로 버튼 하나로 만든 모델에 대응하는 평가를 시작합니다. 평가 결과에는 모델의 정밀도뿐만 아니라 혼동 행렬도 표시되므로 만든 모델에 대해 더 깊게 이해할 수 있습니다.

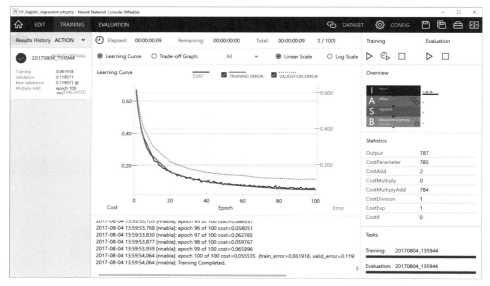

그림 3-5-a. 학습 상태 확인

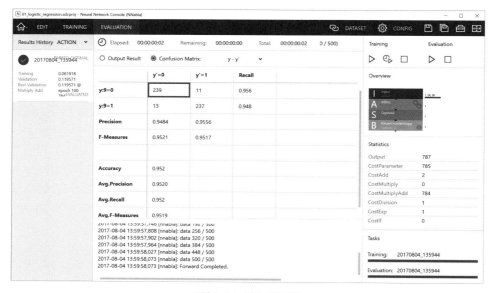

그림 3-5-b. 평가 결과 확인

▶▶▶ 네트워크와 학습 파라미터를 자동으로 최적화

신경망과 같은 복잡한 기법은 학습에 설정해야 할 파라미터가 많아 튜닝할 때 지식과 경험이 필요합니다.
NNC는 이렇게 숙련된 사람이 하는 작업을 초보자가 간단하게 할 수 있도록 다양한 기능을 제공합니다.

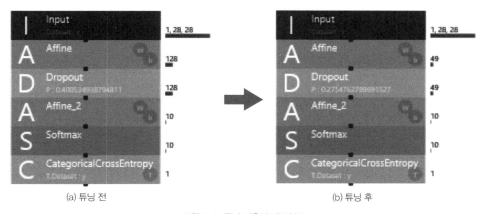

(a) 튜닝 전   (b) 튜닝 후

그림 3-6. 튜닝 전후의 네트워크

NNC는 Neural Network Libraries[5]가 코어가 돼 동작합니다. 이 라이브러리는 소니사가 2017년 6월에 출시한 오픈 소스 라이브러리입니다. 대응 언어는 파이썬과 C++, 대응 OS는 리눅스와 윈도우이며 2017년 12월에는 맥 OS도 추가됐습니다. 라이선스는 아파치 2.0의 오픈 소스 소프트웨어로 제공됩니다. C++ 11로 구현돼 있어 빠르게 처리할 수 있고 임베디드 기기에 탑재하기 쉽다는 특징을 갖고 있습니다.

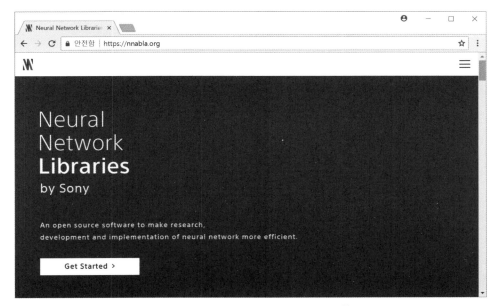

그림 3-7. Neural Network Libraries 공식 사이트[5]

Neural Network Libraries는 소니사의 제품에 도입된 적이 있습니다. 부동산 가격 추정 엔진, 엑스페리아(Xperia)의 제스처 인식, 디지털 페이퍼의 손 기호 인식 등을 예로 들 수 있습니다. 따라서 Neural Network Libraries가 탑재된 NNC도 역시 신뢰성 높은 소프트웨어라고 할 수 있습니다.

3.3 NNC 설치

NNC를 사용하려면 먼저 설치해야 합니다. 여기에서는 윈도우 10(64bit)에서의 설치 방법을 설명합니다.

3.3.1 사전 준비

NNC의 동작에는 'Microsoft Visual C++ 2017 재배포 가능 패키지'를 설치해야 합니다. 우선 이 패키지의 인스톨러를 내려받습니다

인스톨러 내려받기 사이트[6]를 열고 Visual Studio 2017용 Microsoft Visual C++ 재배포 가능 패키지를 확인한 다음 오른쪽의 x64를 선택하고 **'다운로드'**를 클릭합니다.

그림 3-8. 패키지 내려받기

이 책에서는 인스톨러를 다운로드 폴더에 저장합니다.

그림 3-9. 패키지 저장

다음으로 내려받은 인스톨러를 사용해 패키지를 설치합시다.

인스톨러 'vc_redist.x64.exe'를 더블 클릭합니다.

인스톨러 실행 화면에서 '**동의함(A)**'에 체크하고 '**설치(I)**'를 클릭합니다.

그림 3-10-a. 패키지 설치(1)

패키지 설치를 시작합니다.

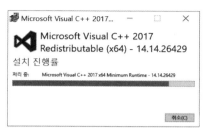

그림 3-10-b. 패키지 설치(2)

잠시 기다리면 설치가 종료됩니다. **'닫기'**를 클릭합니다.

그림 3-10-c. 패키지 설치(3)

이것으로 사전 준비는 끝났습니다.

3.3.2 NNC 내려받기

NNC 공식 사이트[4]를 열고 화면을 스크롤해 메일 주소를 입력합니다. 그리고 **'I agree and send'**를 클릭합니다.

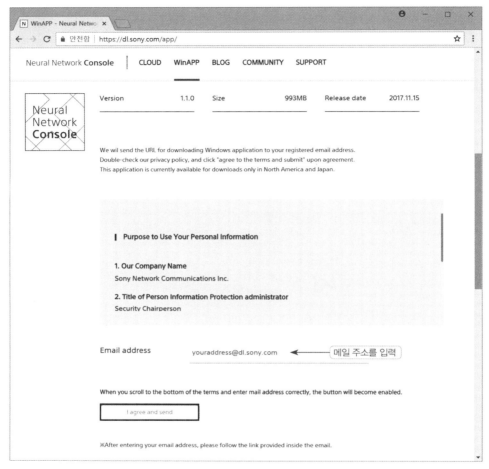

그림 3-11. 메일 주소 등록

등록한 메일 주소에 NNC 애플리케이션의 내려받기, 사용 매뉴얼, 커뮤니티 링크가 게재된 메일이 도착합니다. 화면을 스크롤해서 NNC 애플리케이션의 내려받기 링크를 찾습니다. 'Download the Windows App'을 클릭하고 NNC 애플리케이션을 내려받습니다.

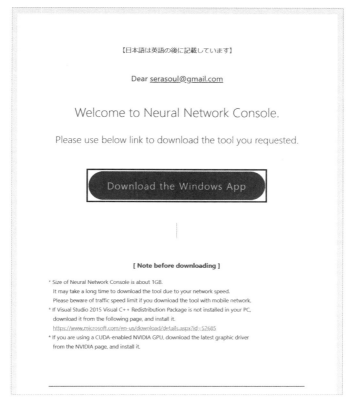

그림 3-12-a. NNC 내려받기(1)

NNC 애플리케이션 **neural_network_console_110.zip**을 적당한 위치에 저장합니다. 이 책에서는 다운로드 폴더에 저장합니다.

그림 3-12-b. NNC 다운로드(2)

3.3.3 NNC 설치

압축된 NNC 애플리케이션을 압축 해제합니다. 이 책에서는 압축 해제한 NNC
애플리케이션의 폴더 **neural_network_console_110**을 바탕화면에 배치합니다.

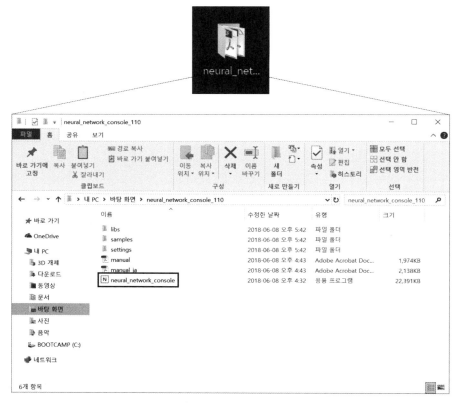

그림 3-13. NNC 애플리케이션

폴더에서 가장 아래에 있는 **neural_network_console.exe**가 NNC를 실행하기 위한
애플리케이션입니다. 그 밖에 NNC 설정 파일 등이 저장돼 있습니다.

3.3.4 NNC 애플리케이션의 폴더 구성

NNC 애플리케이션의 폴더 neural_network_console_110을 펼치면 다음이 저장돼 있습니다.

```
neural_network_console_100
    | - libs                            :라이브러리
        | - Miniconda3                  : Miniconda 라이브러리
        | - nnabla                      : nnabla 라이브러리
    | - samples                         :샘플
        | - sample_dataset              :샘플 데이터
        | - sample_project              :샘플 프로젝트
    | - settings                        :설정
    | - manual.pdf                      :영어 매뉴얼
    | - manual_ja.pdf                   :일본어 매뉴얼
    | - neural_network_console.exe      :실행 애플리케이션
```

그림 3-14. neural_network_console_110 폴더의 구성

lib 폴더에는 NNC의 코어 라이브러리인 Neural Network Libraries(NNabla)가 저장된 nnabla 폴더와 파이썬 환경을 구축하고 머신러닝에 필요한 라이브러리가 모여 있는 미니콘다(Miniconda)가 저장된 Miniconda3 폴더 2개가 있습니다.

samples 폴더에는 NNC의 튜토리얼을 실행할 때 사용할 샘플 데이터가 저장된 sample_dataset 폴더와 NNC의 튜토리얼의 실행 프로젝트가 저장된 sample_project 폴더가 있습니다. samples 폴더에 대해서는 4장에서 다시 설명합니다.

settings 폴더에는 NNC의 설정 파일이 저장돼 있습니다.

manual.pdf는 NNC의 영어 조작 매뉴얼입니다.

manual_ja.pdf는 NNC의 일본어 조작 매뉴얼입니다.

neural_network_console.exe는 NNC의 실행 애플리케이션입니다.

유용한 정보 1　　**미니콘다(Miniconda)와 아나콘다(Anaconda)**

미니콘다는 파이썬 환경을 구축하기 위한 패키지 소프트웨어입니다[7]. 윈도우, 리눅스, 맥 OS에서 동작하며 파이썬 2계열과 3계열에 대응합니다.

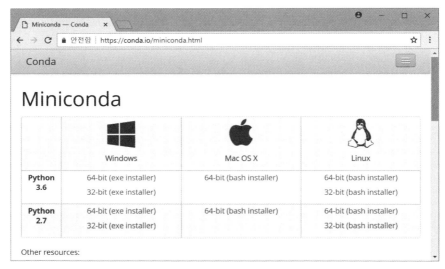

그림 3-15. 미니콘다 공식 사이트[7]

미니콘다와 마찬가지로 파이썬 환경을 구축하기 위한 패키지 소프트웨어로 아나콘다가 있습니다. 미니콘다는 아나콘다에 포함된 라이브러리를 최소한으로 사용한 것이며 둘 다 비슷한 기능을 합니다.

그러므로 미니콘다도 아나콘다와 마찬가지로 파이썬의 가상 환경을 여러 개 만들고 구현 목적에 따라 구분해 사용할 수 있습니다.

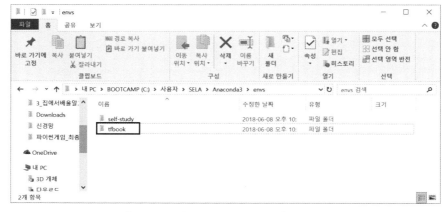

그림 3-16-a. 여러 개의 파이썬 환경 만들기(아나콘다 사용)

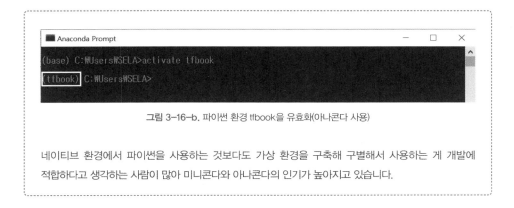

그림 3-16-b. 파이썬 환경 tfbook을 유효화(아나콘다 사용)

네이티브 환경에서 파이썬을 사용하는 것보다도 가상 환경을 구축해 구별해서 사용하는 게 개발에
적합하다고 생각하는 사람이 많아 미니콘다와 아나콘다의 인기가 높아지고 있습니다.

3.3.5 NNC 실행

neural_network_console.exe를 더블 클릭하고 NNC를 실행합시다. 실행하면 Microsoft
Visual C++ 2017 재배포 가능 패키지가 설치돼 있는지와 GPU를 사용할 때 NVIDIA의
그래픽 드라이버가 설치됐는지를 확인하는 2개의 메시지가 표시됩니다. 내용을 확인했으면
'확인'을 클릭합니다.

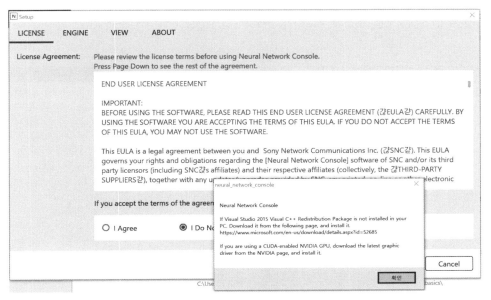

그림 3-17. 메시지 확인

이 책에서는 CPU를 사용해 실행해 나갑니다.

LICENSE 화면에서 라이선스를 확인하고 내용에 동의하면 'I Agree'에 체크하고 'Apply'를 클릭합니다.

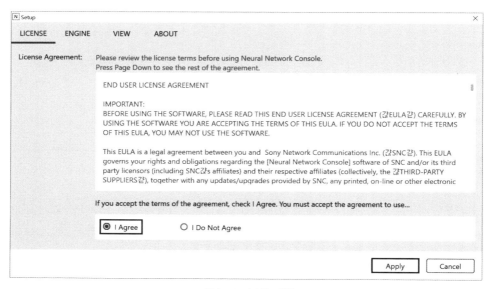

그림 3-18. 라이선스 확인

PROJECT(프로젝트) 화면이 표시되면 정상적으로 실행된 것입니다.

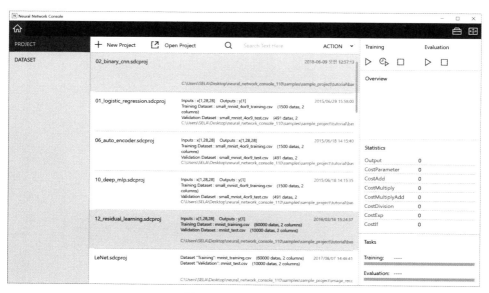

그림 3-19. PROJECT 화면의 표시

LICENSE 화면 외에 **ENGINE** 화면, **VIEW** 화면, **ABOUT** 화면이 있습니다. ENGINE 화면에서는 NNC의 실행에 필요한 라이브러리의 경로를 설정합니다. VIEW 화면에서는 화면 표시 크기를 설정합니다. ABOUT 화면에는 NNC의 제품 정보가 표시됩니다. 이 화면의 설정은 변경하지 않고 그대로 둡니다.

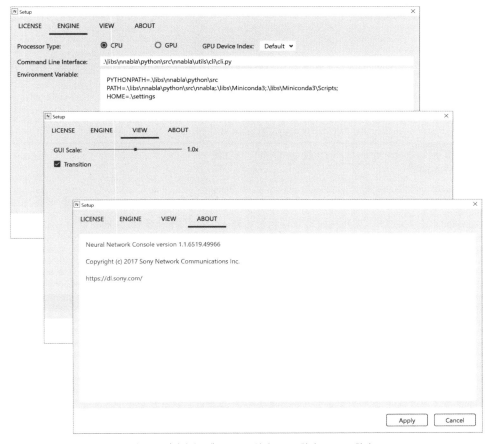

그림 3-20. (위에서부터) ENGINE 화면, VIEW 화면, ABOUT 화면

3.4 NNC 조작 화면

NNC 화면은 크게 여섯 가지로 구성됩니다. 각각의 화면에서 어떤 조작을 하는지 알아봅시다.

3.4.1 PROJECT(프로젝트) 화면

NNC를 실행하고 처음에 열리는 화면입니다. 과거에 만들고 실행한 프로젝트를 목록으로 표시합니다. 과거의 프로젝트를 다시 실행하려면 이 화면에서 프로젝트를 선택하고 실행합니다.

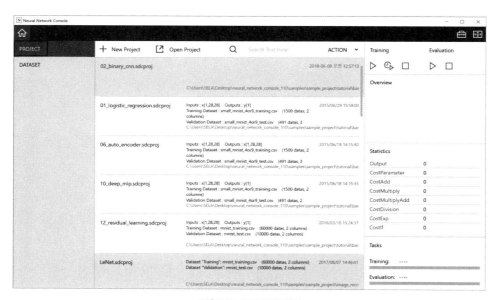

그림 3-21. PROJECT 화면

3.4.2 DATASET(데이터셋) 화면

학습과 평가에 사용하는 데이터 등록 및 데이터 읽기를 수행하는 화면입니다. 자세한 사용법은 4장의 구현에서 설명합니다.

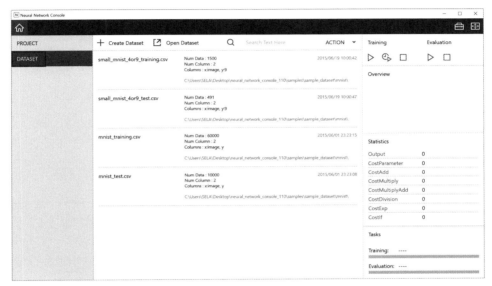

그림 3-22. DATASET 화면

3.4.3 EDIT(편집) 화면

네트워크를 만드는 화면입니다. 화면 왼쪽 위의 'Components'에서 네트워크 만들기에 필요한 파트(입력층 등)를 드래그 앤드 드롭해 배치하고 블록의 형태로 표시된 파트를 선으로 이어 신경망이나 합성곱 신경망 등의 네트워크를 만듭니다.

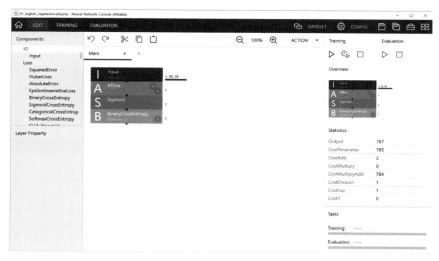

그림 3-23. EDIT 화면

3.4.4 TRAINING(학습) 화면

만든 네트워크를 학습시키고 모델의 정밀도를 높입니다. 화면에 학습에 필요한 시간, 학습 횟수별 오차를 구상한 학습 곡선, 과거 학습 결과의 이력이 표시돼 대시 보드와 같은 역할을 합니다.

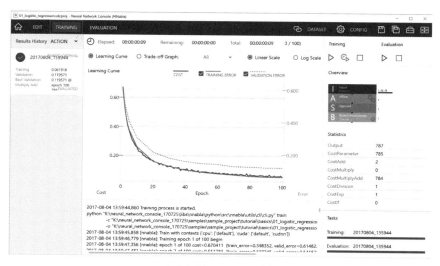

그림 3-24. TRAINING 화면

3.4.5 EVALUATION(평가) 화면

만든 모델을 평가하고 최종적인 정밀도를 얻습니다. 정밀도뿐만 아니라 혼동행렬의 계산
결과도 표시되므로 어떤 근거로 정밀도를 얻었는지를 알 수 있습니다.

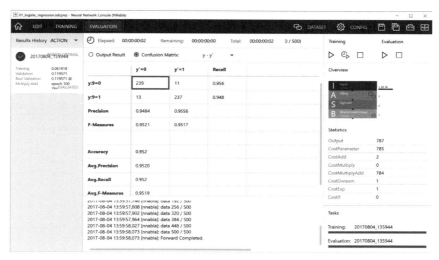

그림 3-25. EVALUATION 화면

3.4.6 CONFIG(설정) 화면

학습 조건, 최적화 기법, 학습과 평가에 사용할 데이터 세트를 설정합니다. 또한 이 화면에서
네트워크와 파라미터의 튜닝도 복잡한 조작 없이 설정할 수 있습니다.

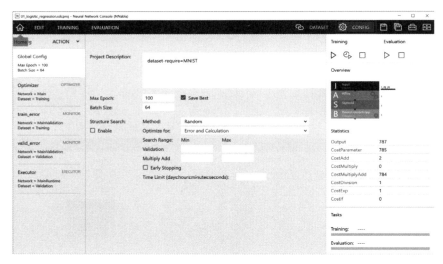

그림 3-26. CONFIG 화면

3장 정리

이 장의 앞부분에서는 딥러닝을 구현하는 많은 툴 중에서 NNC의 현재 위치와 상황을 설명했습니다. NNC는 프로그래밍 없이 직관적인 조작으로 네트워크를 만들 수 있습니다. 버튼 하나로 학습과 평가를 실행할 수 있고, 초보자에게 어려운 튜닝 작업도 복잡한 절차 없이 실현할 수 있는 특징이 있습니다.

이 장의 중간에서는 NNC의 설치 방법을 설명했습니다. NNC를 동작하는 데 필요한 패키지를 설치한 뒤 NNC를 설치했습니다. 다른 딥러닝 도구를 설치하는 것에 비하면 힘들지 않고 짧은 시간에 쉽게 끝낼 수 있습니다.

이 장의 뒷부분에서는 NNC를 구성하는 여섯 가지 화면에 관해 설명했습니다. 각 화면이 딥러닝의 구현에 필요한 단계별로 설계됐기 때문에 사용하기 쉬운 구조입니다. 4장 이후의 구현을 통해 능숙하게 사용하게 될 것입니다.

현재 많은 엔지니어는 텐서플로, 카페 등과 같이 프로그래밍이 필요한 툴을 이용하는데, 머지않아 NNC를 이용하는 엔지니어가 늘어날 것으로 생각합니다.

▌인용

[1]   http://www.kdnuggets.com/2017/05/poll-analytics-data-science-machine-learning-software-leaders.html

[2]   아다치 하루카 《처음 시작하는 텐서플로: 파이썬과 TFLearn으로 수식 없이 배우는 딥러닝》(위키북스, 2018)

[3]   Saeed Dehnadi, Richard Bornat, The camel has two humps(working title), 2006년

[4]   https://dl.sony.com/

[5]   https://nnabla.org/

[6]   https://www.visualstudio.com/ko/downloads/

[7]   https://conda.io/miniconda.html

Chapter

4

초급:
샘플 프로젝트를 실행해 보자!

• •

3장에서는 세계적으로 사용되는 딥러닝 툴을 소개하고 신경망 콘솔(NNC)의 특징과 그것을 사용하는 이점을 설명했습니다.
그리고 NNC의 설치 방법과 기본적인 구성을 설명했습니다.
이 장부터는 드디어 NNC를 사용해 구현해 봅니다. 구현하기 전에 먼저 튜토리얼로 준비된 샘플 프로젝트 몇 개를 실행해봅
시다. 각 샘플 프로젝트를 실행하고 2장에서 배운 내용을 확인하며 NNC를 능숙하게 조작해 봅시다.

4.1 신경망을 이용한 이미지 분류 (1)

이 장에서는 Small MNIST 데이터 세트를 사용해 2장 2.1절에서 설명한 신경망을 이용한 이미지 분류 샘플 프로젝트를 실행합니다.

4.1.1 작성된 프로젝트를 연다

NNC를 실행하고 PROJECT 화면에서 **01_logistic_regression.sdcproj**를 클릭합니다.

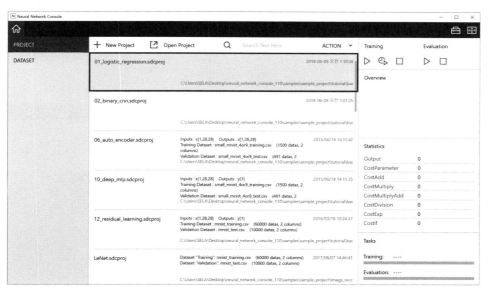

그림 4-1. 01_logistic_regression 프로젝트 선택

처음 시작할 때만 손으로 쓴 문자 이미지 MNIST 데이터 세트를 자동으로 내려받습니다. 완료할 때까지 잠시 기다립니다.

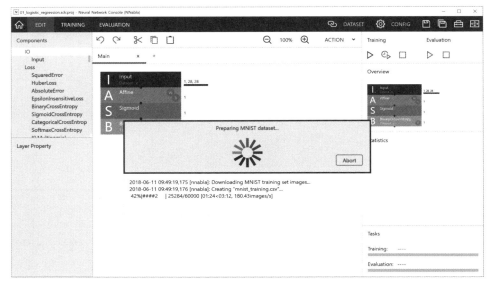

그림 4-2. MINIST 데이터 세트 내려받기

MNIST 데이터 세트의 다운로드가 완료되면 EDIT 화면에 완성된 신경망을 표시합니다.

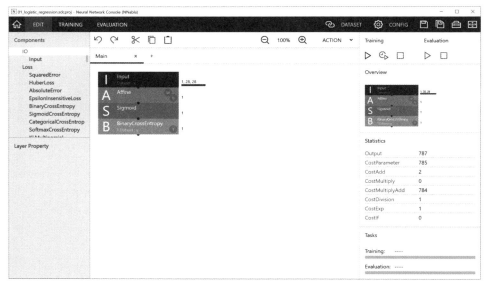

그림 4-3. 완성된 신경망을 표시

4.1.2 사용할 데이터 세트 확인

학습에 사용할 Small MNIST 데이터 세트는 손으로 쓴 문자 이미지 MNIST(Mixed National Institute of Standards and Technology database)[1]에서 일부를 추출한 것입니다. MNIST는 손으로 쓴 숫자 0~9가 쓰여 있는 흑백(2개의 값) 이미지의 모음이며, 초보적인 이미지 인식 훈련 등에 폭넓게 사용됩니다. 이미지 1장의 크기는 28×28픽셀입니다.

 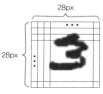

그림 4-4. MINIST 데이터 세트 이미지의 일부

NNC 샘플 프로젝트는 Small MNIST 데이터 세트를 학습에서 사용할 수 있도록 이미 설정돼 있습니다. 'DATASET' 탭을 클릭하고 DATASET 화면을 열고 확인해 봅시다.

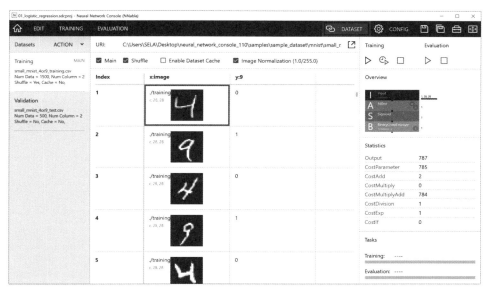

그림 4-5. DATASET 화면 표시

학습에는 학습 데이터와 평가 데이터라는 두 종류의 데이터를 사용합니다. 그림 4-5의
왼쪽에 표시된 'Training'을 클릭하면 설정된 학습 데이터 목록을 표시합니다.

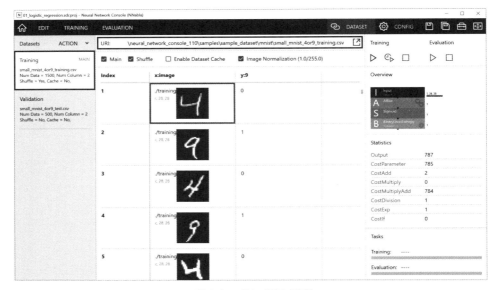

그림 4-6-a. 학습 데이터 확인(1)

학습 데이터는 3개의 변수 Index, x:image, y:9로 구성됩니다. 변수 Index에는 이미지
번호(일련번호)가 저장돼 있고 변수 x:image에는 이미지 데이터가 저장돼 있습니다. 그리고
변수 y:9에는 이미지가 숫자 9면 '1', 이미지가 숫자 9가 아니면 '0'의 값이 저장돼 있습니다.

학습 데이터 목록상에는 데이터를 읽을 위치 URI(폴더 경로)가 표시돼 있습니다.

```
C:\Users\<user_name>\Desktop\neural_network_console_110\samples\sample_dataset\mnist\
small_mnist_4or9_training.csv
※ <user_name>은 PC 사용자명입니다.
```

마지막 역슬래시(\) 다음의 small_mnist_4or9_training.csv가 데이터입니다. 폴더를 열고
데이터를 확인해 봅시다.

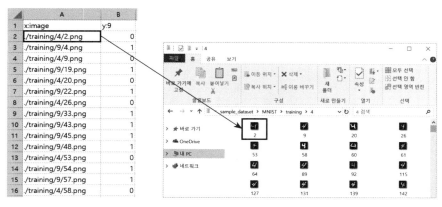

그림 4-6-b. 학습 데이터 확인(2)

항목 x:image는 이미지 데이터의 저장 위치 경로를 나타냅니다. 맨 앞의 이미지를 확인해 봅시다. './training/4/2.png'의 맨 앞에 있는 './'는 small_mnist_4or9_training.csv 파일과 같은 계층임을 의미합니다. 따라서 맨 앞의 이미지는 다음 위치에 저장돼 있습니다.

```
C:\Users\<user_name>\Desktop\neural_network_console_110\samples\sample_dataset\MNIST\
training\4\2.png
※ <user_name>은 PC 사용자명입니다.
```

y:9는 앞에서 설명했듯이 이미지가 숫자 9면 '1', 숫자 9가 아니면 '0'입니다.

또 URI 아래의 'Shuffle'에 체크하면 학습 실행 시 데이터 세트를 섞습니다. 'Image Normalization(1.0/255.0)'에 체크하면 이미지의 휘도 값을 1/255배 해서 입력 값을 0.0~1.0으로 정규화합니다.

그림 4-5의 왼쪽에 있는 'Validation'을 클릭하면 설정된 평가 데이터 목록을 표시합니다.

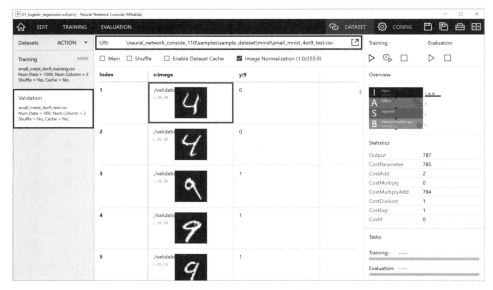

그림 4-7-a. 평가 데이터 확인(1)

평가 데이터는 3개의 변수 Index, x:image, y:9로 구성됩니다. 변수 Index에는 이미지 번호(일련번호)가, 변수 x:image에는 이미지 데이터가 저장돼 있습니다. 그리고 변수 y:9에는 이미지가 숫자 9면 '1', 이미지가 숫자 9가 아니면 '0'이라는 값이 저장돼 있습니다.

평가 데이터 목록상에는 데이터를 읽을 위치 URI(폴더 경로)가 표시돼 있습니다.

```
C:\Users\<user_name>\Desktop\neural_network_console_100\samples\sample_dataset\mnist\
small_mnist_4or9_test.csv
※ <user_name>은 PC 사용자명입니다.
```

마지막 역슬래시(\) 뒤의 small_mnist_4or9_test.csv가 데이터입니다. 폴더를 열고 데이터를 확인해 봅시다.

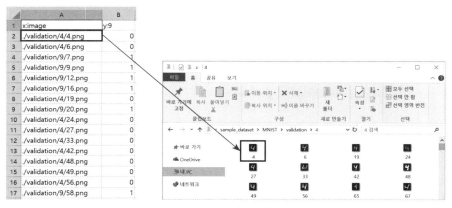

그림 4-7-b. 평가 데이터의 확인(2)

항목 x:image는 이미지 데이터의 저장 위치의 경로를 나타냅니다. 실제로 맨 앞의 이미지를 확인해 봅시다. './validation/4/4.png'의 맨 앞에 있는 './'는 small_mnist_4or9_test.csv 파일과 같은 계층임을 의미합니다. 따라서 맨 앞의 이미지는 다음 위치에 저장돼 있습니다.

```
C:\Users\<user_name>\Desktop\neural_network_console_100\samples\sample_dataset\MNIST\
validation\4\4.png
```
※ <user_name>은 PC 사용자명입니다.

y:9는 앞에서 설명했듯 이미지가 숫자 9이면 '1', 숫자 9가 아니면 '0'의 값을 가집니다.

또, URI 아래의 'Image Normalization(1.0/255.0)'에 체크하면 이미지의 휘도 값을 1/255배 해서 입력 값을 0.0~1.0으로 정규화합니다.

이처럼 학습에 이미지 데이터를 사용하려면 이미지 데이터의 저장 경로와 정답 값을 가진 CSV 데이터와 경로에 대응한 이미지 데이터, 두 종류가 필요합니다.

4.1.3 완성된 네트워크 구조를 확인

'EDIT' 탭을 클릭하고 EDIT 화면으로 돌아와 완성된 네트워크를 표시합시다. 입력층과 출력층의 두 층으로 구성된 네트워크가 만들어졌습니다.

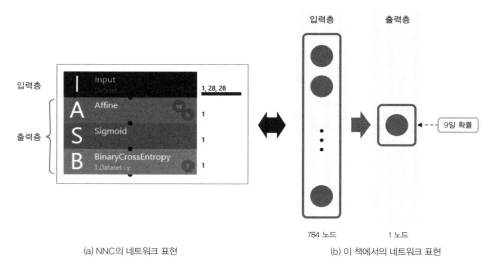

(a) NNC의 네트워크 표현   (b) 이 책에서의 네트워크 표현

그림 4-8. 완성된 네트워크 구조

각 컴포넌트를 클릭하면 화면 하단의 'Layer Property'에 상세 설정을 표시합니다. 각각 확인해 봅시다.

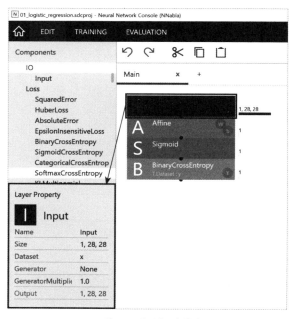

그림 4-9. 컴포넌트의 설정

여기서는 대상이 되는 네트워크에 등장하는 컴포넌트의 설정만을 설명합니다. 다른 설정에 대해서는 neural_network_console_110 폴더 안의 매뉴얼 manual.pdf의 '8. 레이어 레퍼런스(67쪽 이후)'를 확인하세요.

모든 층에 공통되는 설정

- Name: 층의 이름을 설정합니다. 동일 네트워크 내에 하나뿐인 이름으로 해야 합니다.

- Input: 층의 입력 데이터의 크기를 설정합니다.

- Output: 층의 출력 데이터의 크기를 설정합니다.

- CostParameter: 층에 포함되는 파라미터 수를 설정합니다.

- CostAdd: 층의 순전파의 곱셈과 동시에 할 수 없는 가산 횟수를 설정합니다.

- CostMultiplyAdd: 층의 순전파의 곱셈 가산 횟수를 설정합니다.

▶▶▶ Input: 입력층(그림 4-9의 왼쪽 아래 참고)

- Size: 입력 데이터의 크기를 설정합니다. 컬러 채널, 이미지의 높이, 이미지 너비 순으로 설정합니다. 컬러 채널은 그레이 스케일 이미지는 '1', 컬러 이미지는 '3'입니다. 여기서는 '1, 28, 28'을 설정합니다.
- Dataset: 입력할 변수명을 설정합니다. 여기서는 x입니다.
- Generator: 데이터 생성 방법을 설정합니다. 생성하지 않는다면 'None', −1.0~1.0의 균등 난수를 생성한다면 'Uniform', 평균이 0.0에 분산이 1.0인 가우스 난수를 생성한다면 'Normal', 상수를 생성한다면 'Constant'를 설정합니다. 여기서는 'None'을 설정합니다.
- GeneratorMultiplier: Generator에서 생성한 값에 곱할 계수를 설정합니다. 여기서는 '1.0'(1배)입니다.

▶▶▶ Affine: 전결합층(여기서는 출력층)

- OutShape: 출력할 노드 수를 설정합니다. 여기서는 '1'입니다.
- WithBias: 바이어스 유무를 설정합니다. 여기서는 'True'(유)입니다.
- ParameterScope: 이 층에서 사용할 파라미터명을 설정합니다. 여기서는 'Affine'입니다.
- W.File: 사전 학습에 의해서 얻은 가중치를 사용하려면 가중치 값을 기록한 파일을 읽게 설정합니다. 이 가중치를 사용하려면 다음의 W.Initializer에 의한 초기화는 무효가 됩니다. 여기서는 가중치의 파일을 읽지 않습니다.
- W.Initializer: 초기화 방법을 설정합니다. −1.0~1.0의 균등 난수로 초기화한다면 'Uniform', 균등 난수에 재비어 그롯(Xavier Glorot) 제안의 계수를 곱해 초기화한다면 'UniformAffineGlorot', 평균이 0.0에 분산이 1.0인 가우스 난수로 초기화한다면 'Normal', 가우스 난수 캐이밍 히(Kaiming He) 제안의 계수를 곱해 초기화한다면 'NormalAffineHeForward'나 'NormalAffineHeBackward', 가우스 난수에 재비어 그롯 제안의 계수를 곱해 초기화한다면 'NormalAffineGlorot', 상수로 초기화한다면 'Constant'를 설정합니다. 표준으로 'NormalAffineGlorot'이 설정돼 있으며, 여기서도 같습니다.

- W.InitializerMultiplier: Initializer에서 생성한 값에 곱할 계수를 설정합니다. 여기서는 '1'(1배)입니다.
- W.LRateMultiplier: 가중치 갱신에 사용할 학습 계수의 배율을 설정합니다. 학습 계수는 CONFIG 화면에서 설정합니다. 여기서는 '1'(1배)입니다.
- b.File: 바이어스를 사용하려면 바이어스 값을 기록한 파일을 읽게 설정합니다. 이 바이어스를 사용할 때는 다음의 b.Initializer에 의한 초기화는 무효화됩니다. 여기서는 바이어스 파일을 읽지 않습니다.
- b.Initializer: 바이어스 초기화 방법을 설정합니다. −1.0~1.0의 균등 난수로 초기화한다면 'Uniform', 균등 난수에 재비어 그롯 제안의 계수를 곱하고 초기화한다면 'UniformAffineGlorot', 평균이 0.0에 분산이 1.0인 가우스 난수로 초기화한다면 'Normal', 가우스 난수에 캐이밍 히 제안의 계수를 곱하고 초기화한다면 'NormalAffineHeForward'나 'NormalAffineHeBackward', 가우스 난수에 재비어 그롯 제안의 계수를 곱하고 초기화한다면 'NormalAffineGlorot', 상수로 초기화한다면 'Constant'를 설정합니다. 여기서는 'Constant'입니다.
- b.InitializerMultiplier: Initializer에서 생성한 값에 곱하는 계수를 설정합니다. 여기서는 '0.0'입니다.
- b.LRateMultiplier: 바이어스 갱신에 사용할 학습 계수의 배율을 설정합니다. 학습 계수는 CONFIG 화면에서 설정합니다. 여기서는 '1'(1배)입니다.

▶▶▶ Sigmoid: 층에서 사용할 활성화 함수를 설정합니다. 여기서는 시그모이드 함수입니다.

▶▶▶ BinaryCrossEntropy: 출력층에서 사용하는 오차 함수를 설정합니다. 여기서는 2개 값 분류에 특화된 교차 엔트로피입니다.
- T.Dataset: 출력할 변수명을 설정합니다. 여기서는 'y'입니다.
- T.Generator: 데이터 세트 대신에 사용할 데이터의 생성 방법을 설정합니다. 생성하지 않는다면 'None', −1.0~1.0의 균등 난수를 생성한다면 'Uniform', 평균이 0.0에 분산이 1.0인 가우스 난수를 생성한다면 'Normal', 상수를 생성한다면 'Constant'를 설정합니다. 여기서는 'None'입니다.
- T.GeneratorMultiplier: Generator에서 생성한 값에 곱할 계수를 설정합니다. 여기서는 '1.0'(1배)입니다.

4.1.4 학습 조건의 설정

'CONFIG' 탭을 클릭하고 CONFIG 화면에서 학습 조건을 확인합시다.

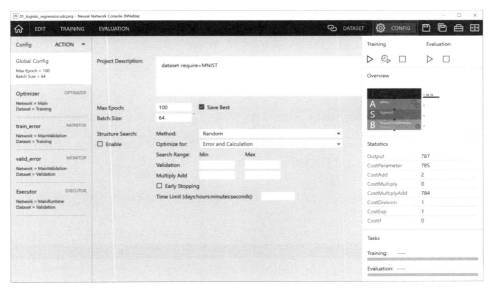

그림 4-10. CONFIG 화면의 표시

CONFIG 화면을 열었으면 화면 왼쪽의 'Global Config'를 클릭합니다. 여기서는 전체적인
학습 조건을 설정합니다.

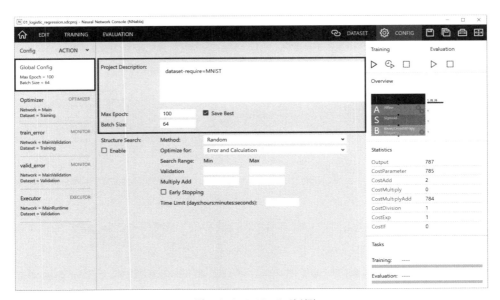

그림 4-11. Global Config의 설정

▶▶▶ Project Description: 자유롭게 설명을 쓸 수 있는 칸입니다.

▶▶▶ Max Epoch: 에포크 수(≒ 학습 횟수)를 설정합니다. 여기서는 '100'으로 합니다.

▶▶▶ Save Best: 가장 오차가 작았던 에포크(≒ 학습 횟수)로 네트워크를 저장한다면 체크를 하고 최종 에포크
로 네트워크를 저장한다면 체크를 해제합니다. 여기서는 체크합니다.

▶▶▶ Batch Size: 미니 배치 학습에 사용하는 데이터 크기를 설정합니다. 여기서는 '64'로 합니다.

▶▶▶ Structure Search: 네트워크 구조의 최적화에 대해서 설정합니다. 여기서는 네트워크의 최적화는 '없음'
입니다. 이에 대해서는 5장에서 다시 설명하겠습니다.

화면 왼쪽 끝의 'Optimizer'를 클릭합니다. 여기서는 가중치 갱신에 관한 설정을 합니다.

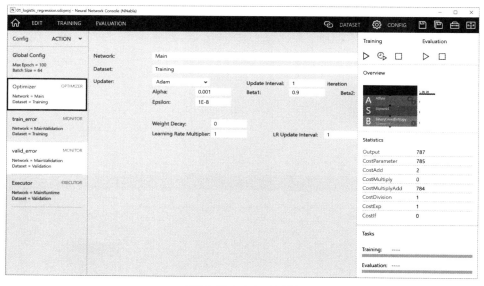

그림 4-12. Optimizer의 설정

▶▶▶ Network: 학습 대상인 네트워크명을 설정합니다. 여기서는 EDIT 화면에 표시돼 있는 네트워크 'Main'입
니다.

▶▶▶ Dataset: 학습에 사용할 데이터 세트를 설정합니다. 여기서는 DATASET 화면에서 설정한 학습 데이터
'Training'입니다.

▶▶▶ Updater: 가중치의 최적화 기법을 선택하고 그것에 관한 파라미터를 설정합니다. 여기서는 'Adam'을 선
택하고 파라미터는 기본값으로 합니다.

▶▶▶ Update Interval: 파라미터의 갱신 간격을 설정합니다. 여기서는 '1'입니다.

▶▶▶ Weight Decay: 가중치의 감쇠 계수를 설정합니다. 여기서는 '0'입니다.

▶▶▶ Learning Rate Multiplier: 학습 계수를 감쇠시키는 계수를 설정합니다. 여기서는 '1'입니다.

▶▶▶ LR Update Interval: 학습 계수를 감쇠시키는 간격을 미니 배치 단위로 설정합니다. 여기서는 '1'입니다. 예를 들어 학습 계수를 미니 배치 단위로 0.9배 감쇠시키고자 할 때는 Learning Rate Multiplier를 '0.9', LR Update Interval을 '1'로 설정합니다.

'train_error' 화면에서는 학습의 오차 계산에 관해 설정하고 'valid_error' 화면에서는 평가의 오차 계산에 관해 설정합니다.

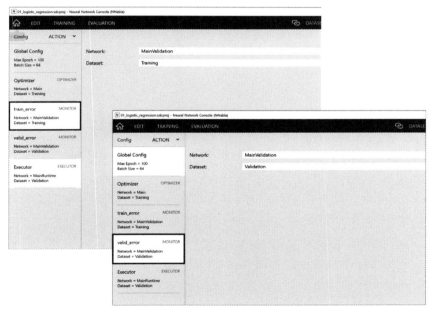

그림 4-13. train_error와 valid_errror의 설정

▶▶▶ Network: 오차 계산 대상 네트워크를 설정합니다. 여기서는 EDIT 화면에 표시돼 있는 네트워크 Main에 서 자동 생성되는 'MainValidation'을 설정합니다.

▶▶▶ Dataset(train_error): 학습의 오차 계산에 사용할 데이터 세트를 설정합니다. 여기서는 DATASET 화면 에서 설정한 'Training'을 설정합니다.

▶▶▶ Dataset(valid_error): 평가의 오차 계산에 사용할 데이터 세트를 설정합니다. 여기서는 DATASET 화면 에서 설정한 'Validation'을 설정합니다.

화면 왼쪽 끝의 'Executor'를 클릭합니다. 여기서는 모델의 평가에 관한 설정을 합니다.

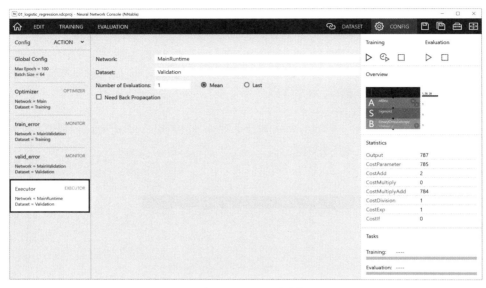

그림 4-14. Executor의 설정

▶▶▶ **Network**: 평가의 대상 네트워크를 설정합니다. 여기서는 EDIT 화면에 표시돼 있는 네트워크 Main에서 자동 생성되는 'MainRuntime'을 설정합니다.

▶▶▶ **Dataset**: 평가의 계산에 사용할 데이터 세트를 설정합니다. 여기서는 DATASET 화면에서 설정한 'Validation'을 설정합니다.

▶▶▶ **Number of Evaluations**: 평가의 실행 횟수를 설정합니다. 여기서는 '1'로 합니다. 평가를 여러 번 실행할 때 최종적인 평가 결과를 여러 결과의 평균으로 할 때는 'Mean'을 선택하고 마지막 결과로 할 때는 'Last'를 선택합니다.

▶▶▶ **Need Back Propagation**: 평가의 계산에 오차 역전파법을 사용한다면 체크합니다. 여기서는 사용하지 않으므로 체크를 해제합니다.

4.1.5 학습의 실행

EDIT 화면, TRAINING 화면, EVALUATION 화면, CONFIG 화면의 오른쪽에 학습과 평가를 실행하는 버튼이 각각 배치돼 있습니다. 'Training' 아래의 실행 버튼(오른쪽 방향 삼각형 아이콘)을 실행해 봅시다.

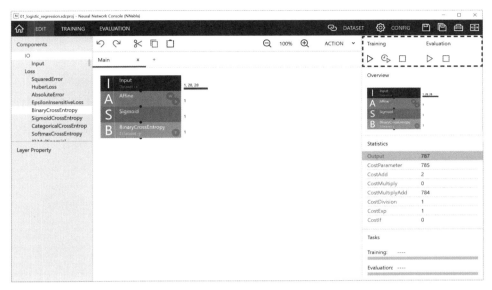

그림 4-15. 학습의 실행

'TRAINING' 탭을 클릭해서 TRAINING 화면을 열고 학습이 끝날 때까지 기다립니다.

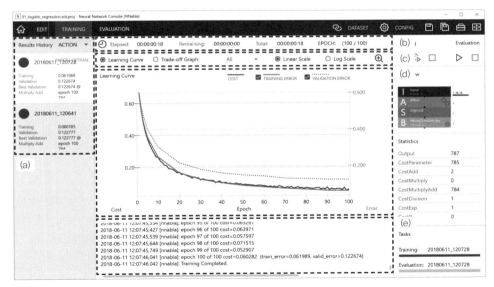

그림 4-16. 학습의 종료

(a) 학습 결과 목록(Results History)

과거의 학습 결과가 목록으로 표시돼 그때그때 결과를 확인할 수 있습니다.

(b) 학습 진행 정보

'Elapsed'는 학습 시작부터 현재까지의 경과 시간, 'Remaining'은 현재부터 학습 종료(예측)까지의 시간, 'Total'은 학습 시작부터 학습 종료(예측)까지의 시간, 'EPOCH'는 CONFIG 화면에서 설정한 에포크 수(≒ 학습 횟수)를 나타냅니다.

(c) 그래프 설정

'Learning Curve'를 선택하면 (d)의 그래프 모니터에 학습 곡선이 표시되고 'Trade-off Graph'를 선택하면 (d)의 그래프 모니터에 과거의 학습 결과 전체의 오차가 표시됩니다.

'Linear Scale'을 선택하면 그래프가 실축으로 표시되고 'Log Scale'을 선택하면 그래프가 로그축으로 표시됩니다. 돋보기 아이콘을 클릭하면 그래프를 축소·확대해 표시할 수 있습니다.

(d) 그래프 모니터

(c)의 그래프 설정에서 Learning Curve를 선택하면 학습 곡선을 표시합니다.

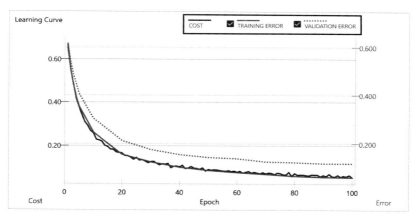

그림 4-17-a. 학습 곡선의 표시

가로축은 에포크 수(≒학습 횟수), 왼쪽의 세로축은 학습 데이터의 비용 함수의 값, 오른쪽의 세로축은 학습과 평가 데이터의 오차 함수의 값입니다. 그래프 오른쪽 위에 있는 'TRAINING ERROR'가 체크돼 있으면 학습 오차의 곡선을 표시합니다. 또한 'VALIDATION ERROR'가 체크돼 있으면 평가 오차 곡선을 표시합니다.

(c)의 그래프 설정에서 Trade-off Graph를 선택하면 과거 학습 결과의 오차를 표시합니다.

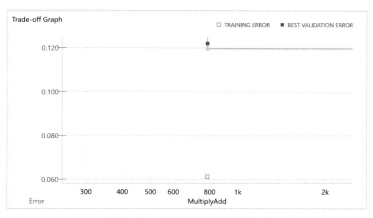

그림 4-17-b. 과거 학습 결과의 오차를 표시

가로축은 곱셈 가산 횟수, 세로축은 오차입니다. 각 점은 한 개의 학습 결과를 의미합니다. 그림 4-17-b는 학습을 여러 번 실행한 그래프를 보여줍니다.

또한 그래프상에서 마우스 오른쪽 버튼을 클릭하면 결과를 CSV 파일과 이미지 파일로 출력(저장)할 수 있습니다. 보고 자료를 만들 때 이 기능을 활용합시다.

그림 4-18. 그래프를 이미지 파일로 출력

(e) 로그

학습 횟수별 실행 이력을 표시합니다. 학습을 정지하려면 그림 4-16 오른쪽 위의 'Training' 아래의 정지 버튼 (사각 아이콘 표시)을 클릭합니다.

4.1.6 평가의 실행

EDIT 화면, TRAINING 화면, EVALUATION 화면, CONFIG 화면의 오른쪽에 학습과 평가를 실행하는 버튼이 각각 배치돼 있습니다. 'Evaluation' 아래의 실행 버튼(오른쪽 방향 삼각형 아이콘)을 실행해 봅시다.

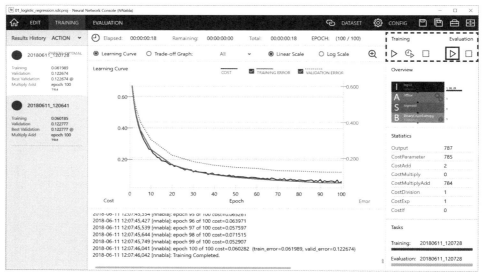

그림 4-19. 평가의 실행

'EVALUATION' 탭을 클릭해 EVALUATION 화면을 열고 평가가 끝날 때까지 기다립니다.

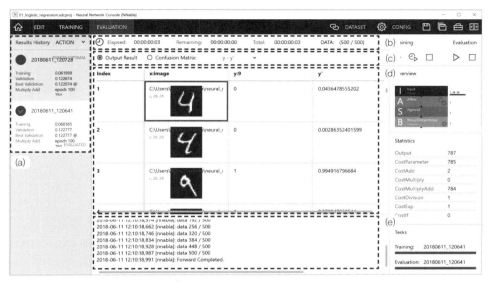

그림 4-20. 평가의 종료

(a) 학습 결과 목록(Results History)

과거의 학습 결과가 목록으로 표시돼 그때그때의 결과를 확인할 수 있습니다.

(b) 학습 진행 정보

'Elapsed'는 학습 시작부터 현재까지의 경과 시간, 'Remaining'은 현재부터 학습 종료(예측)까지의 시간, 'Total'은 학습 시작부터 학습 종료(예측)까지의 시간, 'DATA'는 현재까지 평가가 완료된 데이터 수를 나타냅니다.

(c) 표시 정보 선택

'Output Result'를 선택하면 (d)의 평가 결과에 각 평가 데이터의 출력 결과가 표시되고, 'Confusion Matrix'를 선택하면 (d)의 평가 결과에 혼동 행렬과 모델 정밀도가 표시됩니다.

(d) 평가 결과

(c)의 표시 정보에서 'Output Result'를 선택하면 각 평가 데이터의 출력 결과를 표시합니다.

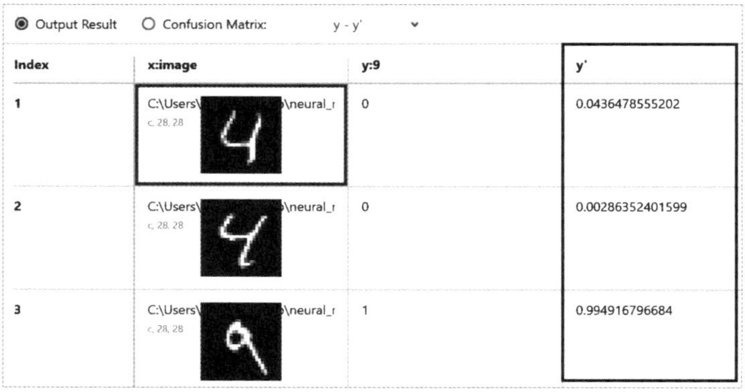

◉ Output Result ○ Confusion Matrix: y - y'

Index	x:image	y:9	y'
1	C:\Users\ \neural_r c, 28, 28	0	0.0436478555202
2	C:\Users\ \neural_r c, 28, 28	0	0.00286352401599
3	C:\Users\ \neural_r c, 28, 28	1	0.994916796684

그림 4-21-a. 각 평가 데이터의 출력 결과

평가 데이터에는 애초에 변수 Index, x:image, y:9에 각각 값이 저장돼 있습니다. 변수 Index에는 이미지 번호(일련번호), 변수 x:image에는 이미지 데이터, 변수 y:9에는 이미지가 숫자 9이면 '1', 숫자 9가 아니면 '0'이라는 값이 저장돼 있습니다.

오른쪽 열의 변수 y'에는 평가 데이터에 학습 데이터를 사용해 완성한 모델을 적용하고 얻어진 출력값이 저장돼 있습니다. 맨 앞의 평가 데이터는 손으로 쓴 숫자 '4'의 이미지 데이터입니다. 따라서 변수 y:9의 값은 0이 됩니다. 그리고 변수 y'는 0.0436478555202라는 값을 취합니다. 변수 y'는 참값(정답)인 변수 y:9에 가까운 출력값을 얻은 것을 알 수 있습니다.

마찬가지로 맨 앞에서 세 번째 평가 데이터에 대해서도 생각합시다. 이 데이터는 9의 이미지입니다. 따라서 변수 y:9는 값 1을 취합니다. 그리고 변수 y'는 0.994916796684의 값을 취합니다. 변수 y'는 참값(정답)인 변수 y:9에 가까운 출력값을 얻은 것을 알 수 있습니다.

(c)의 표시 정보 선택에서 Confusion Matrix를 선택하면 혼동 행렬과 모델 정밀도를 표시합니다.

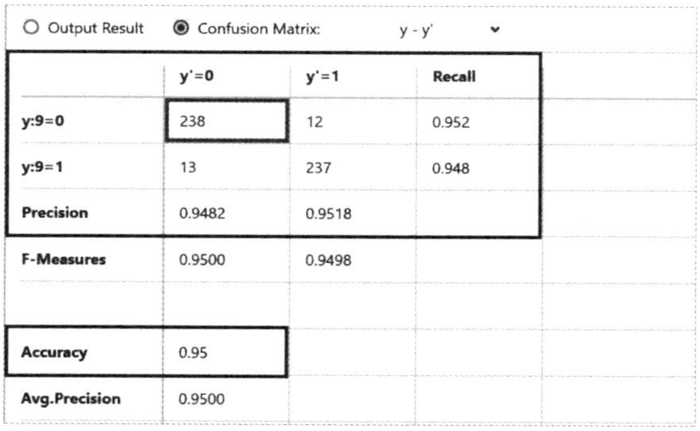

○ Output Result ◉ Confusion Matrix: y - y'

	y'=0	y'=1	Recall
y:9=0	238	12	0.952
y:9=1	13	237	0.948
Precision	0.9482	0.9518	
F-Measures	0.9500	0.9498	
Accuracy	0.95		
Avg.Precision	0.9500		

그림 4-21-b. 평가의 혼동 행렬과 모델 정밀도

그림 4-21-b의 표가 혼동 행렬입니다. 혼동 행렬(Confusion Matrix)은 분류에서 올바르게 분류한 데이터 수와 올바르게 분류하지 못한 데이터 수를 정리한 표입니다.

여기서의 혼동 행렬의 '238'은 데이터가 4의 이미지이며(정답: y:9), 올바른 4의 이미지로 분류된(출력: y') 개수를 의미합니다. '12'는 데이터가 4의 이미지인데 9의 이미지로 분류된 개수를 의미합니다. '13'은 데이터가 9의 이미지인데 4의 이미지로 분류된 개수를 의미하며, '237'은 데이터가 9의 이미지이며 올바르게 9로 분류된 개수를 의미합니다.

이러한 결과를 사용해 계산된 지표가 재현율(Recall)과 적합률(Precision)입니다. 재현율은 참값(정답)을 봤을 때 정답과 출력의 분류 결과가 일치하는 데이터 수의 비율입니다. 4 이미지에 대한 재현율은 238 ÷ (238 + 12) = 0.952입니다. 9의 이미지에 대해 재현율은 237 ÷ (13 + 237) = 0.948입니다.

적합률은 출력값을 봤을 때 출력과 정답의 분류 결과가 일치하는 데이터 수의 비율입니다. 4의 이미지에 대한 적합률은 238 ÷ (238 + 13) ≒ 0.9482입니다. 9의 이미지에 대한 적합률은 237 ÷ (12 + 237) ≒ 0.9518입니다.

그리고 이러한 결과를 사용해 모델의 정밀도를 계산할 수 있습니다. 모델의 정밀도는 전체 평가 데이터 중 올바르게 분류한 데이터 수의 비율입니다. 즉, (238 + 237) ÷ (238 + 12 + 13 + 237) = 0.95입니다.

데이터를 positive와 negative, 두 가지로 분류하는 것을 가정하고 혼동 행렬을 일반적으로 표현합니다.

표 4-1. 일반적인 혼동 행렬의 표현

	pred pos	pred neg	Recall
true pos	TP	FN	$\dfrac{TP}{TP + FN}$
true neg	FP	TN	$\dfrac{TN}{FP + TN}$
precision	$\dfrac{TP}{TP + FP}$	$\dfrac{TN}{FN + TN}$	

TP는 데이터가 positive이며(정답: true) positive로 분류된(출력: pred) 개수를 의미합니다. FN은 데이터가 positive인데 negative로 분류된 개수를 의미합니다. FP는 데이터가 negative인데 positive로 분류된 개수를 의미하며 TN은 데이터가 negative일 때 올바르게 negative로 분류된 개수를 의미합니다.

positive에 대한 재현율은 TP ÷ (TP + FN)으로 계산할 수 있고, negative에 대한 재현율은 TN ÷ (FP + TN)으로 계산할 수 있습니다. 또 positive에 대한 적합률은 TP ÷ (TP + FP)로 계산할 수 있고, negative에 대한 적합률은 TN ÷ (FN + TN)으로 계산할 수 있습니다.

일반적인 혼동 행렬에서 모델의 정밀도는(TP + TN) ÷ (TP + FN + FP + TN)으로 계산할 수 있습니다.

(e) 로그

평가의 실행 이력을 표시합니다.

또한 화면에서 마우스 오른쪽을 클릭해 결과를 CSV 파일로 저장할 수 있습니다. 보고 자료를 만들 때 이 기능을 활용합니다.

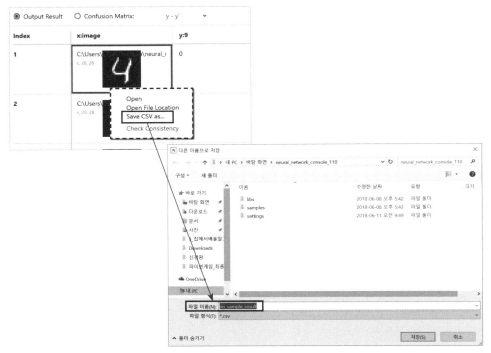

그림 4-22. 결과를 CSV 파일로 출력

지금까지 신경망의 샘플 프로젝트 01_logistic_regression을 실행했습니다. 각 화면을 조작하며 역할을 이해하고 어떤 정보를 얻을 수 있는지 알게 됐으리라 생각합니다. 기본적인 네트워크를 다뤘으니 이제 더욱 현실적인 문제에 대응할 수 있는 응용 네트워크를 알아봅시다.

4.2 CNN으로 이미지 분류(1)

4.1절과 마찬가지로 Small MNIST 데이터 세트를 사용해 2장 2.3절에서 설명한 CNN으로 이미지를 분류하는 샘플 프로젝트를 실행해 봅시다.

4.2.1 작성된 프로젝트를 연다

NNC를 실행하고 PROJECT 화면에서 **02_binary_cnn.sdcproj**를 클릭합니다.

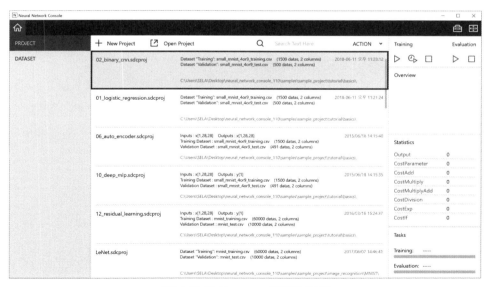

그림 4-23. 02_binary_cnn 프로젝트의 선택

EDIT 화면에 완성된 CNN을 표시합니다.

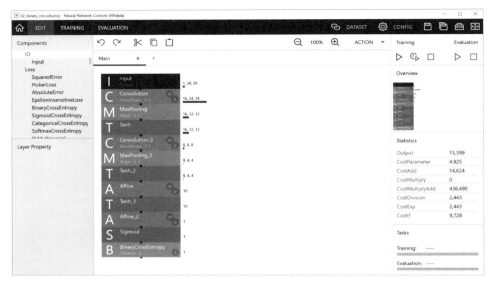

그림 4-24. 완성된 CNN을 표시

사용할 데이터 세트 확인

4.1절과 마찬가지로 샘플 프로젝트에는 Small MNIST 데이터 세트를 학습에서 사용할 수 있게 이미 설정돼 있습니다. 'DATASET' 탭을 클릭하고 DATASET 화면을 열어 확인해 봅시다.

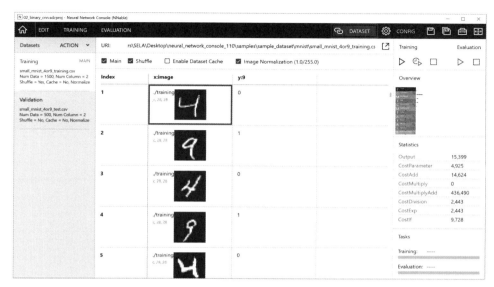

그림 4-25. DATASET 화면의 표시

학습에는 학습 데이터와 평가 데이터 두 종류를 사용합니다. 그림 4-25의 왼쪽에 표시된 'Training'을 클릭하면 설정된 학습 데이터 목록을 표시합니다.

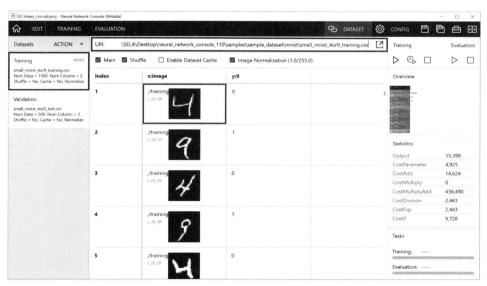

그림 4-26. 학습 데이터의 확인

학습 데이터는 3개의 변수 Index, x:image, y:9로 구성됩니다. 변수 Index에는 이미지의 번호(일련번호)가 저장되고 변수 x:image에는 이미지 데이터가 저장됩니다. 그리고 변수 y:9에는 이미지가 숫자 9의 학습이면 '1', 이미지가 숫자 9의 학습이 아니면 '0'의 값이 저장됩니다.

학습 데이터의 저장 위치를 확인하려면 학습 데이터 목록 위에 표시된 URI(폴더 경로)를 확인합니다.

```
C:\Users\<user_name>\Desktop\neural_network_console_100\samples\sample_dataset\mnist\
small_mnist_4or9_training.csv
※ <user_name>은 PC 사용자명입니다.
```

필요하다면 4.1절과 마찬가지로 폴더를 열고 데이터를 확인하세요.

또 URI 아래의 'Shuffle'에 체크 표시를 하면 학습 실행 시에 데이터 세트를 섞습니다. 'Image Normalization(1.0/255.0)'에 체크 표시를 하면 이미지의 휘도 값을 1/255배 해서 입력 값을 0.0~1.0으로 정규화합니다.

그림 4-25의 왼쪽에 표시된 'Validation'을 클릭하면 설정된 평가 데이터 목록을 표시합니다.

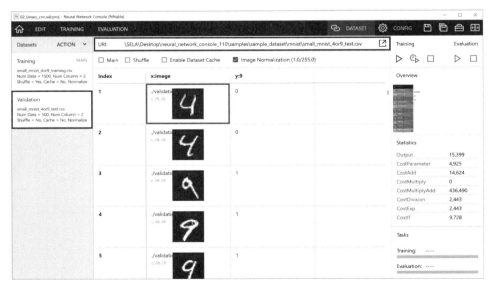

그림 4-27. 평가 데이터의 확인

평가 데이터는 3개의 변수 Index, x:image, y:9로 구성됩니다. 변수 Index에는 이미지의 번호(일련번호)가 저장되고 변수 x:image에는 이미지 데이터가 저장됩니다. 그리고 변수 y:9에는 이미지가 숫자 9의 학습이면 '1', 이미지가 숫자 9의 학습이 아니면 '0'의 값이 저장됩니다.

평가 데이터의 저장 위치를 확인하려면 평가 데이터 목록상에 표시된 URI(폴더 경로)를 확인합니다.

```
C:\Users\<user_name>\Desktop\neural_network_console_100\samples\sample_dataset\mnist\
small_mnist_4or9_test.csv
※ <user_name>은 PC 사용자명입니다.
```

필요하다면 4.1절과 마찬가지로 폴더를 열고 데이터를 확인하세요.

또 URI 아래의 'Image Normalization(1.0/255.0)'에 체크 표시를 하면 이미지의 휘도 값을 1/255배 해서 입력 값을 0.0~1.0으로 정규화합니다.

이상과 같이 학습에 이미지 데이터를 사용할 때는 이미지 데이터의 저장 경로와 정답 값을 가진 CSV 데이터와 경로에 대응한 이미지 데이터, 두 종류가 필요합니다.

4.2.3 완성된 네트워크 구조 확인

'EDIT' 탭을 클릭하고 EDIT 화면으로 돌아와 만들어진 네트워크를 표시합시다. 입력층과 출력층 2개 층으로 구성된 네트워크가 만들어졌습니다.

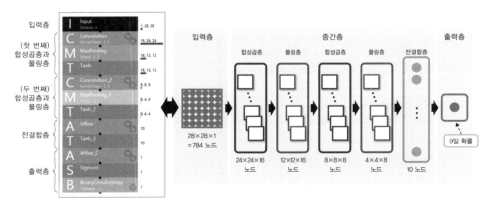

그림 4-28. 완성된 네트워크 구조

각 컴포넌트를 클릭하면 화면 왼쪽 아래의 Layer Property에 상세 설정이 표시됩니다. 각각 확인해 봅시다.

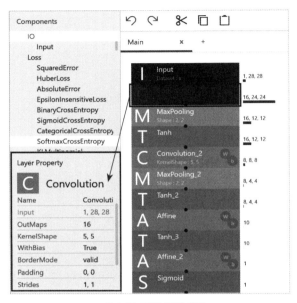

그림 4-29. 컴포넌트의 설정

모든 층에 공통되는 설정

- Name: 층의 이름을 설정합니다. 동일 네트워크 내에 하나뿐인 이름으로 해야 합니다.

- Input: 층의 입력 데이터 크기를 설정합니다.

- Output: 층의 출력 데이터 크기를 설정합니다.

- CostParameter: 층에 포함되는 파라미터 수를 설정합니다.

- CostAdd: 층의 순전파의 곱셈과 동시에 할 수 없는 가산 횟수를 설정합니다.

- CostMultiplyAdd: 층의 순전파의 곱셈 가산 횟수를 설정합니다.

▶▶▶ Input: 입력층
  - Size: 입력 데이터의 크기를 설정합니다. 컬러 채널, 이미지의 높이, 이미지 너비 순으로 설정합니다. 컬러 채널은 그레이 스케일 이미지면 '1', 컬러 이미지면 '3'입니다. 여기서는 '1, 28, 28'을 설정합니다.
  - Dataset: 입력하는 변수명을 설정합니다. 여기서는 'x'입니다.

- Generator: 데이터 생성 방법을 설정합니다. 생성하지 않는다면 'None', −1.0~1.0의 균등 난수를 생성한다면 'Uniform', 평균이 0.0에 분산이 1.0인 가우스 난수를 생성한다면 'Normal', 상수를 생성한다면 'Constant'를 설정합니다. 여기서는 'None'을 설정합니다.
- GeneratorMultiplier: Generator에서 생성한 값에 곱할 계수를 설정합니다. 여기서는 '1.0'(1배)입니다.

▶▶▶ Convolution: 합성곱층

- KernelShape: 합성곱 필터의 크기를 설정합니다. 여기서는 첫 번째와 두 번째의 합성곱층 모두 '5, 5'(5×5 크기의 필터)입니다.
- WithBias: 바이어스 유무를 설정합니다. 여기서는 첫 번째와 두 번째의 합성곱층 모두 'True'(유)입니다.
- OutMaps: 출력 차원 수(필터 수)를 설정합니다. 여기서는 첫 번째의 합성곱층에서는 '16', 두 번째의 합성곱층에서는 '8'입니다.
- BorderMode: 합성곱을 시행하는 범위를 지정합니다. KernelShape으로 설정한 범위로 합성곱을 한다면 'valid', 가능한 범위에서 합성곱을 한다면 'full', 입력 데이터와 출력 데이터의 크기가 같게 되는 범위에서 합성곱을 한다면 'same'을 설정합니다. 'full'과 'same'을 선택해서 범위가 부족해지면 '0'으로 채웁니다. 여기서는 첫 번째와 두 번째의 합성곱층 모두 'valid'입니다.
- Padding: 처리 전에 데이터 배열의 끝에 추가할 '0'의 크기를 설정합니다. 여기서는 첫 번째와 두 번째의 합성곱층 모두 BorderMode에서 valid를 선택하고 있어 '0, 0'(패딩 없음)입니다.
- Strides: 필터를 슬라이드시키는 데이터의 개수를 설정합니다. 여기서는 첫 번째와 두 번째의 합성곱층 모두 '1, 1'(1씩 슬라이드)입니다.
- Dilation: 필터 크기의 배율을 설정합니다. 여기서는 첫 번째와 두 번째의 합성곱층 모두 '1, 1'(1배)입니다.
- Group: OutMaps의 그룹화 단위를 설정합니다. 여기서는 첫 번째와 두 번째의 합성곱층 모두 '1'입니다.
- ParameterScope: 이 층에서 사용할 파라미터명을 설정합니다. 여기서는 첫 번째의 합성곱층은 'Convolution', 두 번째의 합성곱층은 'Convolution_2'입니다.
- W.File: 사전 학습으로 얻은 가중치를 사용할 때 가중치 값을 기록한 파일을 읽게 설정합니다. 이 가중치를 사용한다면 아래의 W.Initializer에 의한 초기화는 무효화됩니다. 여기서는 첫 번째와 두 번째의 합성곱층 모두 가중치 파일을 읽을 수 없습니다.
- W.Initializer: 초기화 방법을 설정합니다. −1.0~1.0의 균등 난수로 초기화한다면 'Uniform', 균등 난수에 재비어 그롯 제안의 계수를 곱해 초기화한다면 'UniformAffineGlorot', 평균이 0.0에 분산이 1.0인 가우스 난수로 초기화한다면 'Normal', 가우스 난수 캐이밍 히 제안의 계수를 곱하고 초기화한다면 'NormalAffineHeForward'나 'NormalAffineHeBackward', 가우스 난수에 재비어 그롯 제안의 계수를 곱해 초기화한다면 'NormalAffineGlorot', 상수로 초기화한다면 'Constant'를 설정합니다. 표준으로 'NormalAffineGlorot'이 설정돼 있으며, 여기에서도 첫 번째와 두 번째의 합성곱층 모두 같습니다.
- W.InitializerMultiplier: Initializer에서 생성한 값에 곱할 계수를 설정합니다. 여기서는 첫 번째와 두 번째의 합성곱층 모두 '1'(1배)입니다.
- W.LRateMultiplier: 가중치 갱신에 사용할 학습 계수의 배율을 설정합니다. 학습 계수는 CONFIG 화면에서 설정합니다. 여기서는 '1.0'(1배)입니다.

- b.File: 바이어스를 사용할 때 바이어스 값을 기록한 파일을 읽기 위한 설정입니다. 이 바이어스를 사용할 때 다음의 b.Initializer로 하는 초기화는 무효화됩니다. 여기에서는 첫 번째와 두 번째의 합성곱층 모두 바이어스 파일을 읽지 않습니다.
- b.Initializer: 바이어스 초기화 방법을 설정합니다. −1.0~1.0의 균등 난수로 초기화한다면 'Uniform', 균등 난수에 재비어 그롯 제안의 계수를 곱해 초기화한다면 'UniformAffineGlorot', 평균이 0.0에 분산이 1.0인 가우스 난수로 초기화한다면 'Normal', 가우스 난수에 캐이밍 히 제안의 계수를 곱해 초기화한다면 'NormalAffineHeForward'나 'NormalAffineHeBackward', 가우스 난수에 재비어 그롯 제안의 계수를 곱해 초기화한다면 'NormalAffineGlorot', 상수로 초기화한다면 'Constant'를 설정합니다. 여기서는 'Constant'입니다.
- b.InitializerMultiplier: Initializer에서 생성한 값에 곱할 계수를 설정합니다. 여기에서는 첫 번째와 두 번째의 합성곱층 모두 '0.0'입니다.
- b.LRateMultiplier: 바이어스 갱신에 사용할 학습 계수의 배율을 설정합니다. 학습 계수는 CONFIG 화면에서 설정합니다. 여기서는 첫 번째와 두 번째 합성곱층 모두 '1'(1배)입니다.

▶▶▶ MaxPooling: 최대 풀링층
- KernelShape: 최댓값을 취하는 범위를 설정합니다. 여기서는 첫 번째와 두 번째의 풀링층 모두 '2, 2'(2×2의 범위)입니다.
- Strides: 최댓값을 취하는 데이터의 개수를 설정합니다. 여기서는 첫 번째와 두 번째의 풀링층 모두 '2, 2'(2씩)입니다.
- IgnoreBorder: 경계의 처리 방법을 설정합니다. KernelShape으로 설정한 범위에서 최댓값을 취한다면 'True', 모든 범위에서 최댓값을 취한다면 'False'를 설정합니다. 여기서는 첫 번째와 두 번째의 풀링층 모두 'True'입니다.
- Padding: 처리 전에 데이터 배열의 끝에 0을 추가하는 크기를 설정합니다. 여기서는 첫 번째와 두 번째의 풀링층 모두 '0, 0'(패딩 없음)입니다.

▶▶▶ Tanh: 층에서 사용할 활성화 함수를 설정합니다. 여기서는 쌍곡선 함수(하이퍼볼릭 탄젠트)로 합니다.

▶▶▶ Affine: 전결합층
- OutShape: 출력할 노드 수를 설정합니다. 여기서는 첫 번째 전결합층은 '10', 두 번째 전결합층은 '1'입니다.
- WithBias: 바이어스 유무를 설정합니다. 여기서는 첫 번째와 두 번째의 전결합층 모두 'True'(유)입니다.
- ParameterScope: 이 층에서 사용할 파라미터명을 설정합니다. 여기서는 첫 번째 전결합층은 'Affine', 두 번째 전결합층은 'Affine_2'입니다.
- W.File: 사전 학습에 의해 얻은 가중치를 사용할 때 가중치의 값을 기록한 파일을 읽게 설정합니다. 이 가중치를 사용할 때는 아래의 W.Initializer에 의한 초기화는 무효화됩니다. 여기서는 첫 번째와 두 번째의 전결합층 모두 가중치의 파일을 읽지 않습니다.

- W.Initializer: 가중치의 초기화 방법을 설정합니다. -1.0~1.0의 균등 난수로 초기화한다면 'Uniform', 균등 난수에 재비어 그롯 제안의 계수를 곱해 초기화한다면 'UniformAffineGlorot', 평균이 0.0에 분산이 1.0인 가우스 난수로 초기화한다면 'Normal', 가우스 난수에 캐이밍 히 제안의 계수를 곱해 초기화한다면 'NormalAffineHeForward'나 'NormalAffineHeBackward', 가우스 난수에 재비어 그롯 제안의 계수를 곱해 초기화한다면 'NormalAffineGlorot', 상수로 초기화한다면 'Constant'를 설정합니다. 표준으로 'NormalAffineGlorot'이 설정돼 있으며, 여기서도 첫 번째와 두 번째의 합성곱층 모두 같습니다.
- W.InitializerMultiplier: Initializer에서 생성한 값에 곱할 계수를 설정합니다. 여기서는 첫 번째와 두 번째의 합성곱층 모두 '1'(1배)입니다.
- W.LRateMultiplier: 가중치 갱신에 사용할 학습 계수의 배율을 설정합니다. 학습 계수는 CONFIG 화면에서 설정합니다. 여기서는 '1'(1배)입니다.
- b.File: 바이어스를 사용할 때 바이어스 값을 기록한 파일을 읽기 위한 설정입니다. 이 바이어스를 사용할 때는 다음의 b.Initializer로 하는 초기화는 무효화됩니다. 여기서는 첫 번째와 두 번째의 합성곱층 모두 바이어스 파일을 읽지 않습니다.
- b.Initializer: 바이어스 초기화 방법을 설정합니다. -1.0~1.0의 균등 난수로 초기화한다면 'Uniform', 균등 난수에 재비어 그롯 제안의 계수를 곱해 초기화한다면 'UniformAffineGlorot', 평균이 0.0에 분산이 1.0인 가우스 난수로 초기화한다면 'Normal', 가우스 난수에 캐이밍 히 제안의 계수를 곱해 초기화한다면 'NormalAffineHeForward'나 'NormalAffineHeBackward', 가우스 난수에 재비어 그롯 제안의 계수를 곱해 초기화한다면 'NormalAffineGlorot', 상수로 초기화한다면 'Constant'를 설정합니다. 여기서는 'Constant'입니다.
- b.InitializerMultiplier: Initializer에서 생성한 값에 곱할 계수를 설정합니다. 여기서는 첫 번째와 두 번째의 합성곱층 모두 '0.0'입니다.
- b.LRateMultiplier: 바이어스 갱신에 사용할 학습 계수의 배율을 설정합니다. 학습 계수는 CONFIG 화면에서 설정합니다. 여기서는 첫 번째와 두 번째 합성곱층 모두 '1'(1배)입니다.

▶▶▶ Sigmoid: 층에서 사용할 활성화 함수를 설정합니다. 여기서는 시그모이드 함수입니다.

▶▶▶ BinaryCrossEntropy: 출력층에서 사용하는 오차 함수를 설정합니다. 여기서는 2개 값 분류에 특화된 교차 엔트로피입니다.

- T.Dataset: 출력할 변수명을 설정합니다. 여기에서는 'y'입니다.
- T.Generator: 데이터 세트 대신 사용할 데이터의 생성 방법을 설정합니다. 생성하지 않는다면 'None', -1.0~1.0의 균등 난수를 생성한다면 'Uniform', 평균이 0.0에 분산이 1.0인 가우스 난수를 생성한다면 'Normal', 상수를 생성한다면 'Constant'를 설정합니다. 여기서는 'None'입니다.
- T.GeneratorMultiplier: Generator에서 생성한 값에 곱할 계수를 설정합니다. 여기서는 '1.0'(1배)입니다.

4.2.4 학습 조건의 설정

'**CONFIG**' 탭을 클릭하고 CONFIG 화면에서 학습 조건을 확인합시다.

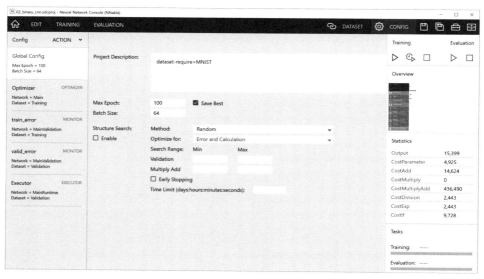

그림 4-30. CONFIG 화면의 표시

CONFIG 화면이 열리면 화면 왼쪽의 '**Global Config**'를 클릭합니다. 여기에서는 학습의 전체적인 조건을 설정합니다.

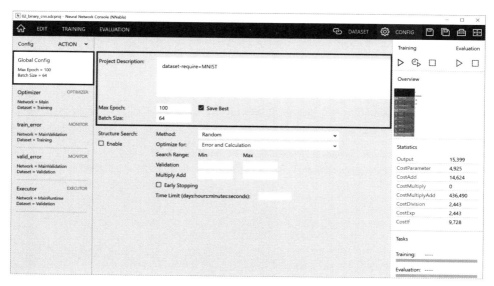

그림 4-31. Global Config의 설정

▶▶▶ Project Description: 자유롭게 설명을 쓸 수 있는 칸입니다.

▶▶▶ Max Epoch: 에포크 수(≒ 학습 횟수)를 설정합니다. 여기에서는 '100'으로 합니다.

▶▶▶ Save Best: 가장 오차가 작았던 에포크(≒ 학습 횟수)로 네트워크를 저장한다면 체크하고, 최종 에포크로
네트워크를 저장한다면 체크를 해제합니다. 여기서는 체크합니다.

▶▶▶ Batch Size: 미니 배치 학습에 사용할 데이터 크기를 설정합니다. 여기서는 '64'로 합니다.

▶▶▶ Structure Search: 네트워크 구조의 최적화에 대해 설정합니다. 여기서는 네트워크의 최적화는 '없음'입
니다. 이에 대해서는 5장에서 다시 설명하겠습니다.

화면 왼쪽의 'Optimizer'를 클릭합니다. 여기서는 가중치 갱신에 관해 설정합니다.

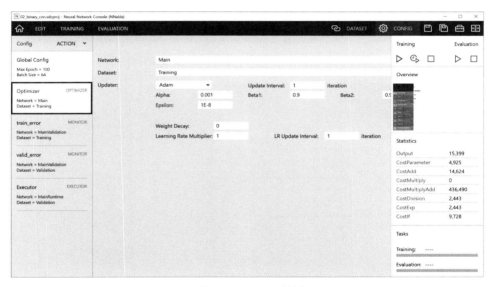

그림 4-32. Optimizer의 설정

▶▶▶ Network: 학습 대상 네트워크명을 설정합니다. 여기서 EDIT 화면에 표시돼 있는 네트워크는 'Main'입니다.

▶▶▶ Dataset: 학습에 사용할 데이터 세트를 설정합니다. 여기서는 DATASET 화면에서 설정한 학습 데이터
'Training'입니다.

▶▶▶ Updater: 가중치의 최적화 기법을 선택하고 그것에 관한 파라미터를 설정합니다. 여기서는 'Adam'을 선
택하고 파라미터는 기본값으로 합니다.

▶▶▶ Update Interval: 파라미터를 갱신하는 간격을 설정합니다. 여기서는 '1'입니다.

▶▶▶ Weight Decay: 가중치의 감쇠 계수를 설정합니다. 여기서는 '0'입니다.

▶▶▶ Learning Rate Multiplier: 학습 계수를 감쇠시키는 계수를 설정합니다. 여기서는 '1'입니다.

▶▶▶ LR Update Interval: 학습 계수를 감쇠시키는 간격을 미니 배치 단위로 설정합니다. 여기서는 '1'입니다.

'train_error' 화면에서는 학습의 오차 계산에 관한 설정을 하고 'valid_error' 화면에서는 평가의 오차 계산에 관한 설정을 합니다.

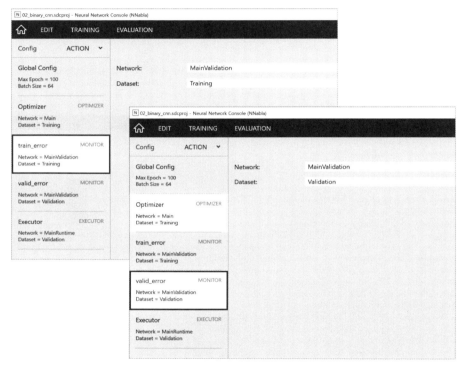

그림 4-33. train_error와 valid_error의 설정

▶▶▶ Network: 학습 대상 네트워크명을 설정합니다. 여기서 EDIT 화면에 표시돼 있는 네트워크는 Main으로부터 자동 생성되는 'MainValidation'입니다.

▶▶▶ Dataset(train_error): 학습에 사용할 데이터 세트를 설정합니다. 여기서는 DATASET 화면에서 설정한 'Training'입니다.

▶▶▶ Dataset(valid_error): 학습에 사용할 데이터 세트를 설정합니다. 여기서는 DATASET 화면에서 설정한 'Validation'입니다.

화면 왼쪽의 'Executor'를 클릭합니다. 여기서는 모델의 평가에 관한 설정을 합니다.

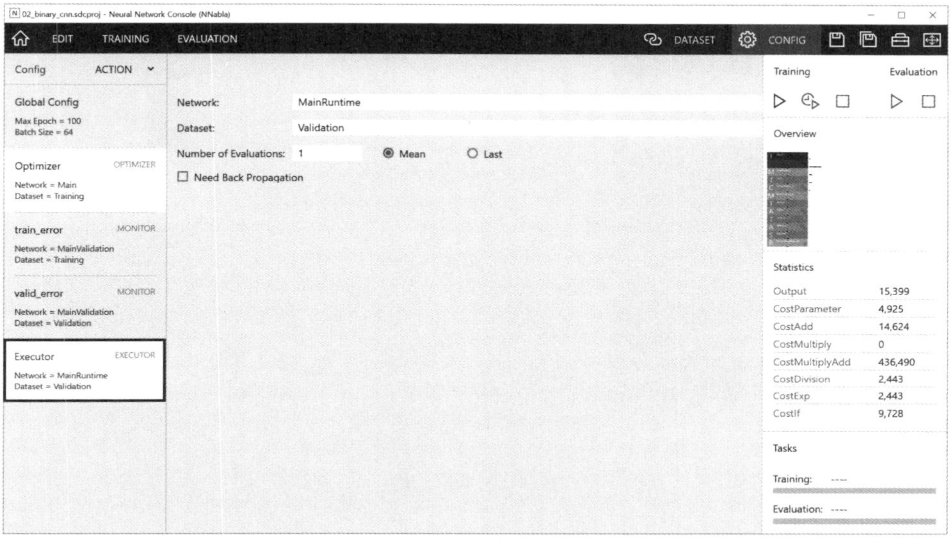

그림 4-34. Executor의 설정

▶▶▶ Network: 평가의 대상 네트워크를 설정합니다. 여기서는 EDIT 화면에 표시돼 있는 네트워크 Main으로부터 자동 생성되는 'MainRuntime'입니다.

▶▶▶ Dataset: 평가의 계산에 사용할 데이터 세트를 설정합니다. 여기서는 DATASET 화면에서 설정한 'Validation'입니다.

▶▶▶ Number of Evaluations: 평가의 실행 횟수를 설정합니다. 여기서는 '1'입니다. 평가를 여러 번 실행할 때 최종적인 평가 결과를 여러 결과의 평균으로 한다면 'Mean'을 선택하고 마지막 결과로 한다면 'Last'를 선택합니다.

▶▶▶ Need Back Propagation: 평가의 계산에 오차 역전파법을 사용할 때는 체크합니다. 여기서는 사용하지 않기 때문에 체크하지 않습니다.

4.2.5 평가의 실행

EDIT 화면, TRAINING 화면, EVALUATION 화면, CONFIG 화면의 오른쪽에 학습과 평가를 실행하는 버튼이 각각 배치됩니다. Training 아래의 실행 버튼(오른쪽 삼각형 아이콘)을 실행해 봅시다.

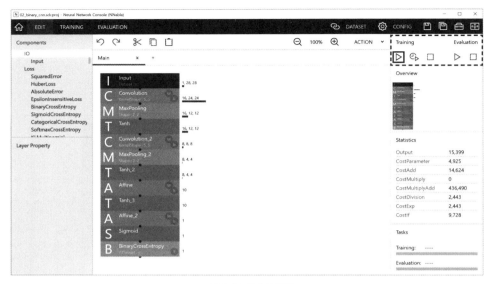

그림 4-35. 학습의 실행

'TRAINING' 탭을 클릭해 TRAINING 화면을 열고 학습이 종료될 때까지 기다립니다.

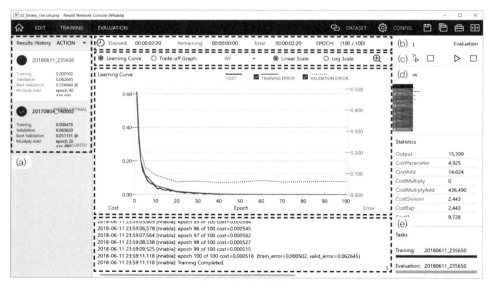

그림 4-36. 학습의 종료

(a) 학습 결과 목록(Results History)

과거의 학습 결과가 목록으로 표시되며, 그때그때의 결과를 확인할 수 있습니다.

(b) 학습 진행 정보

'Elapsed'는 학습 시작부터 현재까지의 경과 시간, 'Remaining'은 현재부터 학습 종료(예측)까지의 시간, 'Total'은 학습 시작부터 학습 종료(예측)까지의 시간, 'EPOCH'는 CONFIG 화면에서 설정한 에포크 수(≒ 학습 횟수)를 나타냅니다.

(c) 그래프 설정

'Learning Curve'를 선택하면 (d)의 그래프 모니터에 학습 곡선이 표시되며, 'Trade-off Graph'를 선택하면 (d)의 그래프 모니터에 과거의 학습 결과 전체의 오차가 표시됩니다.

'Linear Scale'을 선택하면 그래프는 실제 길이로 표시되고 'Log Scale'을 선택하면 그래프는 로그축으로 표시됩니다. 돋보기 아이콘을 클릭하면 그래프를 축소 · 확대해 표시할 수 있습니다.

(d) 그래프 모니터

(c)의 그래프 설정에서 Learning Curve를 선택하면 학습 곡선을 표시합니다.

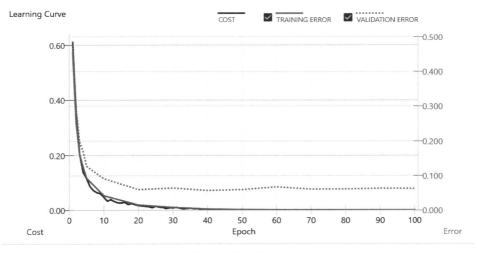

그림 4-37. 학습 곡선의 표시

가로축은 에포크 수(≒ 학습 횟수), 왼쪽 세로축은 학습 데이터의 비용 함수의 값, 오른쪽의 세로축은 학습과 평가 데이터의 오차 함수의 값입니다. 4.1절의 학습보다 빠른 에포크로 오차가 수렴하는 것을 알 수 있습니다.

(e) 로그

학습 횟수별 실행 이력을 표시합니다.

4.2.6 평가의 실행

EDIT 화면, TRAINING 화면, EVALUATION 화면, CONFIG 화면의 오른쪽에 학습과 평가를 실행하는 버튼이 각각 배치됩니다. 'Evaluation' 아래의 실행 버튼(오른쪽 삼각형 아이콘)을 실행해 봅시다.

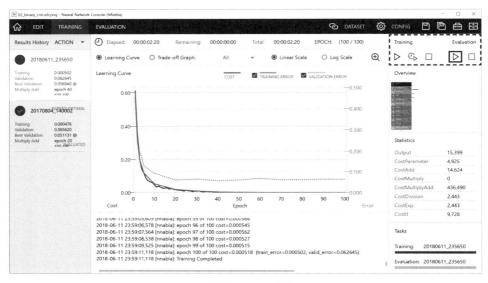

그림 4-38. 평가의 실행

'EVALUATION' 탭을 클릭해서 EVALUATION 화면을 열고 평가를 종료할 때까지 기다립니다.

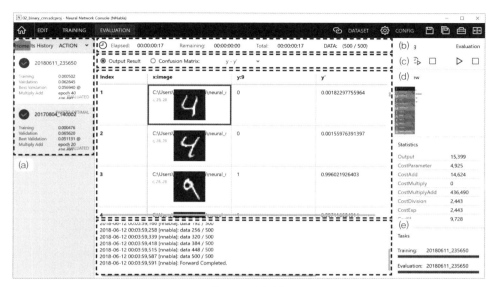

그림 4-39. 평가의 종료

(a)학습 결과 목록(Results History)

과거의 학습 결과가 목록으로 표시되며, 그때그때의 결과를 확인할 수 있습니다.

(b)학습 진행 정보

'Elapsed'는 학습 시작부터 현재까지의 경과 시간, 'Remaining'은 현재부터 학습 종료(예측)까지의 시간, 'Total'은 학습 시작부터 학습 종료(예측)까지의 시간, 'DATA'는 현재까지 평가가 완료된 데이터 수를 나타냅니다.

(c)표시 정보 선택

'Output Result'를 선택하면 (d)의 평가 결과에 각 평가 데이터의 출력 결과가 표시됩니다. 'Confusion Matrix'를 선택하면 (d)의 평가 결과에 혼동 행렬과 모델 정밀도가 표시됩니다.

(d)평가 결과

(c)의 표시 정보 선택에서 'Output Result'를 선택하면 각 평가 데이터의 출력 결과를 표시합니다.

◉ Output Result ○ Confusion Matrix: y - y'

Index	x:image	y:9	y'
1	C:\Users\ \neural_r c, 28, 28 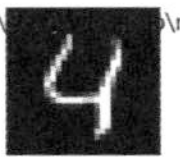	0	0.00182297755964
2	C:\Users\ \neural_r c, 28, 28 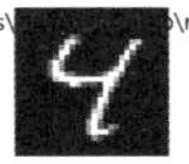	0	0.00155976391397
3	C:\Users\ \neural_r c, 28, 28 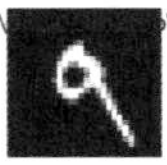	1	0.996021926403

그림 4-40-a. 각 평가 데이터의 출력 결과

평가 데이터에는 애초에 변수 Index, x:image, y:9에 각각 값이 저장돼 있습니다. 변수 Index에는 이미지 번호(일련번호), 변수 x:image에는 이미지 데이터, 변수 y:9에는 이미지가 숫자 9를 학습한다면 '1', 이미지가 숫자 9를 학습하지 않는다면 '0'이 저장돼 있습니다.

오른쪽 열의 변수 y'에는 평가 데이터에 학습 데이터를 사용해 만든 모델을 적용해 얻어진 출력값이 저장돼 있습니다. 맨 앞의 평가 데이터는 숫자 4의 이미지 데이터입니다. 따라서 변수 y:9의 값은 '0'이 됩니다. 그리고 변수 y'는 값 '0.00182297755964'를 취합니다. 변수 y'가 참값(정답)인 변수 y:9에 가까운 출력값을 얻은 것을 알 수 있습니다.

마찬가지로 맨 앞에서 3번째 평가 데이터에 대해서도 생각해 봅시다. 이 데이터는 9의 이미지입니다. 따라서 변수 y:9의 값은 '1'입니다. 그리고 변수 y'는 '0.996021926403'의 값을 취합니다. 변수 y'가 참값(정답)인 변수 y:9에 가까운 출력값을 얻은 것을 알 수 있습니다.

(c)의 표시 정보 선택에서 Confusion Matrix를 선택하면 혼동 행렬과 모델 정밀도가 표시됩니다.

○ Output Result ◉ Confusion Matrix: y - y'

	y'=0	y'=1	Recall
y:9=0	245	5	0.98
y:9=1	6	244	0.976
Precision	0.9760	0.9799	
F-Measures	0.9779	0.9779	
Accuracy	0.978		
Avg.Precision	0.9780		

그림 4-40-b. 평가의 혼동 행렬과 모델 정밀도

혼동 행렬의 '245'는 데이터가 4의 이미지이며(정답: y:9) 제대로 4의 이미지로 분류된(출력: y') 개수를 의미합니다. '5'는 데이터가 4의 이미지인데 9의 이미지로 분류된 개수입니다. '6'은 데이터가 9의 이미지인데 4의 이미지로 분류된 개수이며, '244'는 데이터가 9의 이미지이며 제대로 9의 이미지로 분류된 개수를 의미합니다.

재현율은 참값(정답)을 보고, 정답과 출력의 분류 결과가 일치하는 데이터 수의 비율입니다. 4의 이미지에 대한 재현율은 245 ÷ (245 + 5) = 0.98입니다. 9의 이미지에 대한 재현율은 244 ÷ (6 + 244) = 0.976입니다.

적합률은 출력값으로 볼 때 출력과 정답의 분류 결과가 일치하는 데이터 수의 비율입니다. 4의 이미지에 대한 적합률은 245 ÷ (245 + 6) ≒ 0.9760입니다. 9의 이미지에 대한 적합률은 244 ÷ (5 + 244) ≒ 0.9779입니다.

모델의 정밀도는 전체 평가 데이터 중 제대로 분류한 데이터 수의 비율입니다. 즉, (245 + 244) ÷ (245 + 5 + 6 + 244) = 0.978입니다.

(e)로그

평가의 실행 이력을 표시합니다.

여기까지 CNN의 샘플 프로젝트 02_binary_cnn을 실행했습니다. 4.1절의 01_logistic _regression의 실행 결과와 비교해 높은 분류 정밀도를 얻었습니다. 이미지 데이터의 분류에 관해서는 기본적인 신경망보다도 CNN이 적합하다는 것을 알 수 있습니다.

이 책에서는 NNC를 사용해 딥러닝을 어느 정도 구현하는 것을 목표로 합니다. NNC에는 이 책에서 다루지 않는 기능이 많이 존재합니다. 이러한 기능은 neural_network_console_110 폴더 안의 매뉴얼 manual.pdf에서 확인하세요.

4장 정리

이 장에서는 NNC로 이미 갖춰져 있는 샘플 프로젝트를 실행하고 기본적인 화면 조작과 동작에 대해 설명했습니다.

이 장의 앞부분에서는 기본적인 신경망으로 학습하는 샘플 프로젝트 01_logistic_regression을 실행해 정밀도를 확인했습니다. 그리고 뒷부분에서는 CNN으로 학습하는 샘플 프로젝트 02_binary_cnn을 실행해 정밀도를 확인했습니다.

전자의 정밀도는 0.95, 후자의 정밀도는 0.978이었습니다. 모두 높은 정밀도로 분류됐지만 CNN이 100%에 가까운 정밀도임을 알 수 있습니다. 앞으로 이미지 데이터의 분류에는 CNN을 사용합시다.

NNC 샘플 프로젝트는 이 밖에도 2장에서 설명한 LSTM이나 GRU 등이 있습니다. 이에 대해서도 마찬가지로 실행하고 결과를 확인해 보세요.

5장에서는 프로젝트를 새로 만들고 4장과는 조금 다른 데이터를 사용합니다.

인용

[1]   THE MNIST DATABASE of handwritten digits, http://yann.lecun.com/exdb/mnist/

Chapter

5

중급:
신규 프로젝트를 실행해 보자!

4장에서는 NNC에 이미 포함된 샘플 프로젝트를 실행해 NNC의 기본적인 조작과 결과 확인 방법을 설명했습니다.
이 장에서는 프로젝트를 새로 만들고 4장에서와는 조금 다른 데이터를 사용해 처음부터 구현합니다. 지금까지 배운 내용을
바탕으로 더욱 깊이 있는 구현 방법을 익혀 봅시다.

5.1 신경망을 사용한 이미지 분류(2)

이 장에서는 MNIST 데이터 세트를 사용해 2장 2.1절에서 설명한 신경망으로 이미지 분류를 실행합니다.

5.1.1 새로운 프로젝트 만들기

'PROJECT'를 클릭하고 PROJECT 화면의 'New Project'를 클릭합니다. 그러면 EDIT 화면이 열립니다.

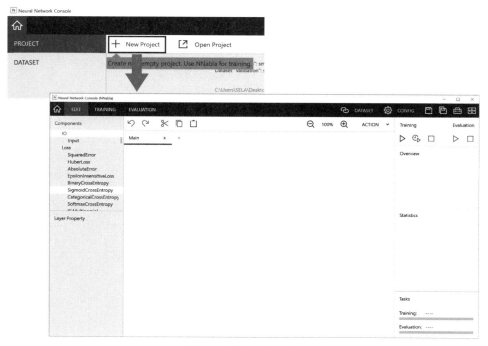

그림 5-1. 새로운 프로젝트 만들기

5.1.2 데이터 세트의 선택

4장에서는 MNIST 데이터 세트에서 일부를 추출해 Small MNIST 데이터 세트를 만들어 그것을 사용했습니다. 그 데이터 세트에는 손으로 쓴 숫자 4와 9만 포함돼 있어 두 개의 값을 분류하는 프로그램을 구현했습니다. 이 장에서는 원본 MNIST 데이터 세트를 다룹니다. 따라서 데이터 세트에 손으로 쓴 숫자 0~9가 들어 있기 때문에 10개의 다항 분류를 구현합니다.

MNIST 데이터 세트는 4장에서 내려받은 것을 사용합니다. EDIT 화면 오른쪽 위의 'DATASET' 탭을 클릭하고 사용할 데이터 세트를 먼저 등록합시다.

먼저 학습에 사용할 데이터 세트를 등록합니다. DATASET 화면의 왼쪽 끝에 있는 'Training'을 클릭합니다.

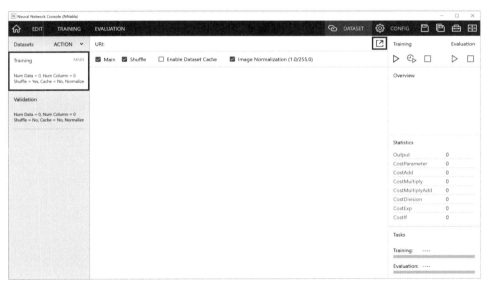

그림 5-2-a. 학습 데이터의 등록(1)

아직 데이터 세트를 등록하지 않아 화면은 흰색입니다. 화면 오른쪽 위의 'CONFIG' 탭 아래에 있는 아이콘을 클릭하면 학습에 사용할 수 있는 데이터 세트 목록이 표시됩니다.

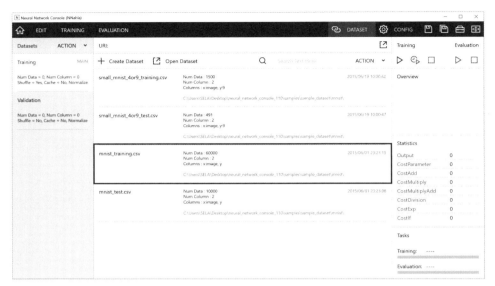

그림 5-2-b. 학습 데이터의 등록(2)

이 가운데 **mnist_training.csv**를 선택합니다. 선택한 데이터 세트가 화면에 표시되면 학습 데이터 등록이 완료된 것입니다. 'Training' 정보도 동시에 갱신됩니다.

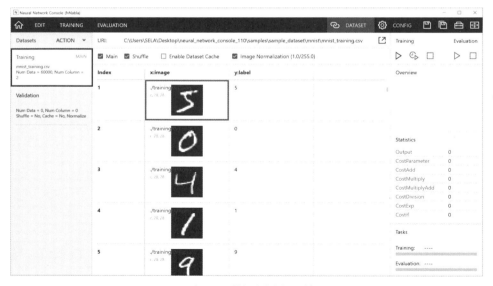

그림 5-2-c. 학습 데이터의 등록(3)

다음으로 평가에 사용할 데이터 세트를 등록합니다. DATASET 화면의 왼쪽 끝에 있는 'Validation'을 클릭하고 이어서 화면 오른쪽 위의 'CONFIG' 탭 아래에 있는 아이콘을 클릭합니다.

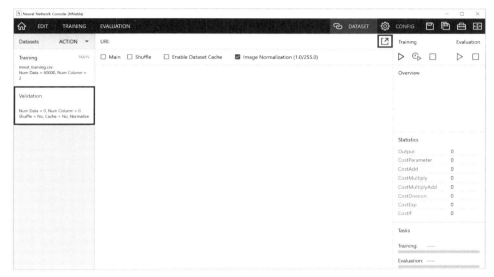

그림 5-3-a. 평가 데이터 등록(1)

평가에 사용할 수 있는 데이터 세트 목록을 표시합니다. 이 중 **mnist_test.csv**를 선택합니다.

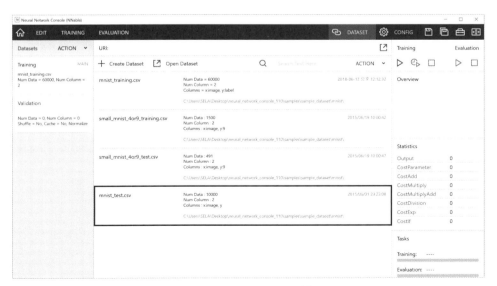

그림 5-3-b. 평가 데이터 등록(2)

선택한 데이터 세트가 화면상에 표시되면 평가 데이터 등록이 완료된 것입니다.
'Validation'의 정보도 동시에 갱신됩니다.

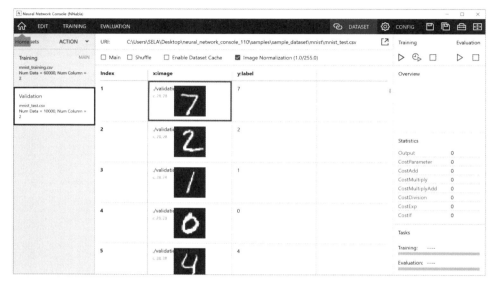

그림 5-3-c. 평가 데이터 등록(3)

'Training', 'Validation' 화면 모두 화면 위에 데이터를 읽는 위치의 URI(폴더 경로)가 표시돼
있습니다.

▶▶▶ 학습 데이터의 URI

    C:\Users\<user_name>\Desktop\neural_network_console_110\samples\sample_
    dataset\mnist\mnist_training.csv
    ※ <user_name>은 PC 사용자명입니다.

▶▶▶ 평가 데이터의 URI

    C:\Users\<user_name>\Desktop\neural_network_console_110\samples\sample_
    dataset\mnist\mnist_test.csv
    ※ <user_name>은 PC 사용자명입니다.

마지막 역슬래시(\) 다음이 데이터를 읽는 원본 파일입니다. 파일을 열고 내용을 확인해
봅시다.

x:image	y:label
./training/5/0.png	5
./training/0/1.png	0
./training/4/2.png	4
./training/1/3.png	1
./training/9/4.png	9
./training/2/5.png	2
./training/1/6.png	1
./training/3/7.png	3
./training/1/8.png	1
./training/4/9.png	4
./training/3/10.png	3
./training/5/11.png	5
./training/3/12.png	3
./training/6/13.png	6
./training/1/14.png	1

x:image	y:label
./validation/7/0.png	7
./validation/2/1.png	2
./validation/1/2.png	1
./validation/0/3.png	0
./validation/4/4.png	4
./validation/1/5.png	1
./validation/4/6.png	4
./validation/9/7.png	9
./validation/5/8.png	5
./validation/9/9.png	9
./validation/0/10.png	0
./validation/6/11.png	6
./validation/9/12.png	9
./validation/0/13.png	0
./validation/1/14.png	1

(a) 학습 데이터 mnist_training.csv (b) 평가 데이터 mnist_test.csv

그림 5-4-a. 읽을 원본 데이터 확인

항목 x:image는 이미지 데이터의 저장 위치 경로를 나타내고 항목 y:label은 이미지의
숫자를 나타냅니다. 시험 삼아 학습 데이터 mnist_training.csv의 맨 앞 행의 이미지를 열어
봅시다. 맨 앞 행의 x:image에는 './training/5/0.png'의 값이 저장돼 있으며 이 값은 폴더
경로 './training/5/'와 이미지 파일명 '0.png'입니다. 맨 앞의 './'는 mnist_training.csv
파일과 같은 계층임을 의미합니다. 따라서 맨 앞의 이미지는 다음 위치에 저장됩니다.

```
C:\Users\<user_name>\Desktop\neural_network_console_100\samples\sample_dataset\MNIS\
training\5\0.png
```
※ <user_name>은 PC 사용자명입니다.

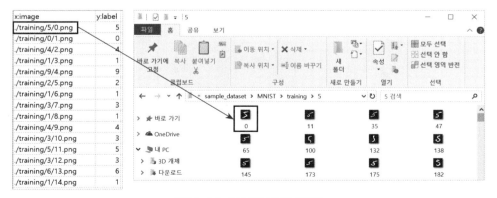

그림 5-4-b. 읽을 원본 데이터 확인(2)

그냥 봐도 이미지가 손으로 쓴 숫자 5임을 알 수 있습니다. 대응하는 y:label 값도 5입니다. 평가 데이터 mnist_test.csv에 대해서도 마찬가지로 각 이미지를 확인할 수 있습니다. 필요에 따라 확인해 보세요.

이상과 같이 학습에 이미지 데이터를 사용할 때는 이미지 데이터의 저장 경로와 정답 값을 가진 CSV 데이터와 경로에 대응한 이미지 데이터, 두 종류가 필요합니다.

또 'Training' 화면의 URI 아래에 있는 'Shuffle'에 체크하면 학습 실행 때 데이터 세트를 섞습니다. 'Image Normalization(1.0/255.0)'에 체크하면 이미지 휘도 값을 1/255배 해서 입력 값을 0.0~1.0으로 정규화합니다. 마찬가지로 'Validation' 화면의 URI 아래에 있는 'Image Normalization(1.0/255.0)'에 체크하면 이미지의 휘도 값을 1/255배 해 입력값을 0.0~1.0으로 정규화합니다. 이러한 설정은 변경하지 않고 그대로 사용합니다.

5.1.3 네트워크 만들기: 컴포넌트의 배치

그림 5-5에 있는 신경망을 만듭니다.

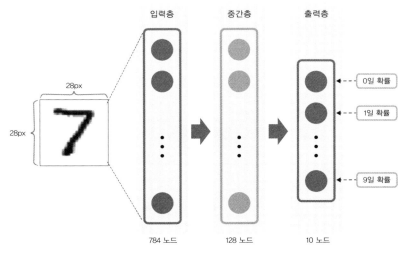

그림 5-5. 만들 신경망

입력층이 784 노드(비디오 크기는 28×28 = 784), 중간층이 128 노드, 출력층이 10 노드(숫자 0~9의 10 종류)로 구성되는 전결합형의 신경망입니다. 중간층에서는 활성화 함수에 ReLU 함수를 사용해 드롭아웃합니다. 출력층에서는 활성화 함수에 ReLU 함수를 사용하고 오차 함수에 교차 엔트로피를 사용합니다.

EDIT 화면에는 기본적으로 'Main' 탭이 만들어집니다. 이 'Main' 탭 안에 네트워크를 만듭니다.

EDIT 화면의 왼쪽 위에 있는 '**Components**'를 확인해 보세요. 입력층 등 네트워크를 구성하는 요소는 이 'Components' 안에 준비돼 있습니다. 'Components'에서 필요한 요소를 찾아 마우스로 드래그 앤드 드롭 또는 더블 클릭해 Main 탭 안에 배치합니다.

먼저 'Components'에서 '**Input**'(입력층)을 찾아 'Main' 탭 안에 배치합니다.

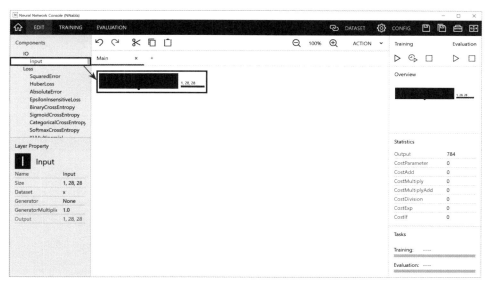

그림 5-6-a. 입력층 만들기

이어서 중간층을 만듭니다. '**Affine**'(전결합층), '**ReLU**'(ReLU 함수), '**Dropout**' (드롭아웃)을 배치합니다.

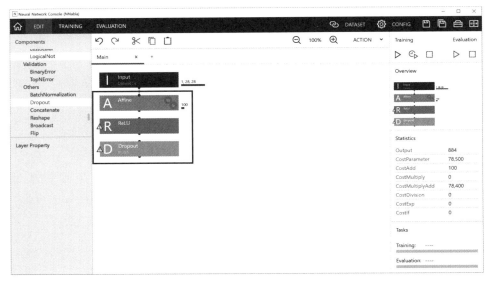

그림 5-6-b. 중간층 만들기

출력층을 만듭니다. 'Affine'(전결합층), 'Softmax'(소프트맥스 함수), 'Categorical CrossEntropy'(교차 엔트로피)를 배치합니다. 'Affine'은 이미 배치해 둔 것이 있기 때문에 자동으로 'Affine_2'라는 이름이 할당됩니다.

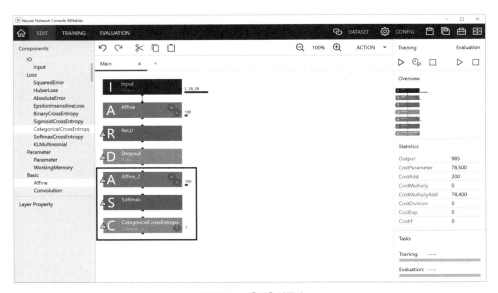

그림 5-6-c. 출력층 만들기

배치했으면 모든 컴포넌트의 선을 연결합니다.

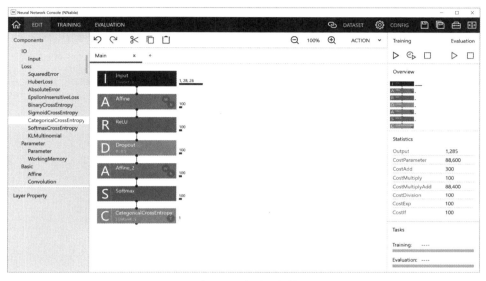

그림 5-6-d. 컴포넌트의 결합

층으로 구분하는 등 원하는 레이아웃으로 정리합니다

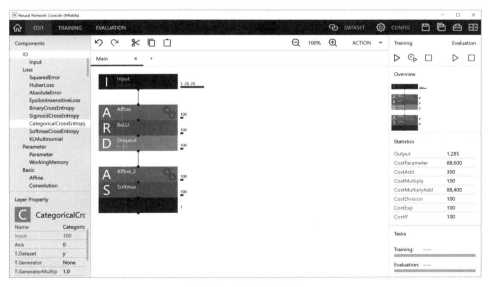

그림 5-6-e. 컴포넌트의 정리

지금까지 네트워크를 대략적으로 살펴봤습니다.

5.1.4 네트워크 만들기: 컴포넌트의 파라미터 설정

이제부터는 배치한 컴포넌트의 파라미터를 설정합니다. 각 컴포넌트를 클릭하면 화면 왼쪽 아래의 'Layer Property'에 설정 칸이 표시됩니다.

> 다음에 만들 네트워크의 각 컴포넌트는 학습에 필요한 최소한의 파라미터만 설정합니다. 기타 파라미터도 설정하려면 neural_network_console_110 폴더 안의 매뉴얼 manual.pdf의 '8. 층 레퍼런스(67쪽 이후)'를 확인하세요.

'Input'(입력층)을 클릭해 입력층의 파라미터를 설정합니다.

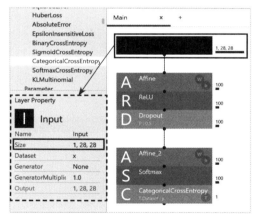

그림 5-7-a. Input의 파라미터 설정

설정 부분

▶▶▶ Size: 입력 데이터의 크기를 설정합니다. MNIST의 이미지는 그레이 스케일, 화면 크기는 28×28픽셀입니다. 따라서 '1, 28, 28'로 합니다(초깃값).

중간층의 파라미터를 설정합니다. 'Affine'(전결합층)을 클릭합니다.

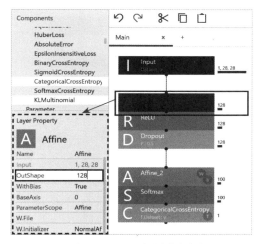

그림 5-7-b. Affine의 파라미터 설정

설정 부분

▶▶▶ OutShape: 출력할 노드 수를 설정합니다. 여기서는 '128'로 합니다.

'ReLU'(ReLU 함수)와 'Dropout'(드롭아웃)은 초깃값을 그대로 사용합니다.

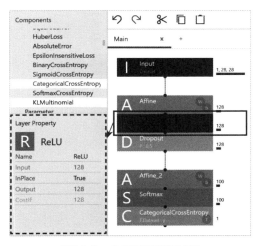

그림 5-7-c. ReLU의 파라미터 설정

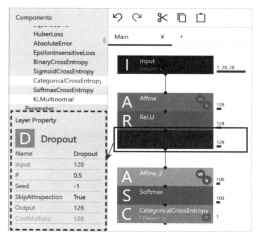

그림 5-7-d. Dropout의 파라미터 설정

출력층의 파라미터를 설정합니다. 'Affine_2'(전결합층)를 클릭합니다.

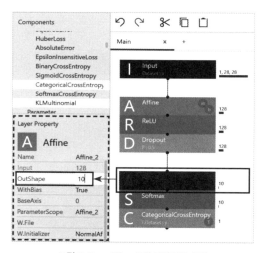

그림 5-7-e. Affine_2의 파라미터 설정

설정 부분

▶▶▶ OutShape: 출력할 노드 수를 설정합니다. 여기서는 숫자가 0~9까지 10가지가 있으므로 '10'으로 합니다.

'Softmax'(소프트맥스 함수)와 'CategoricalCrossEntropy'(교차 엔트로피)는 초깃값을 그대로 사용합니다.

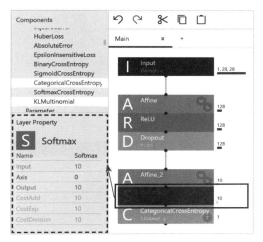

그림 5-7-f. Softmax의 파라미터 설정

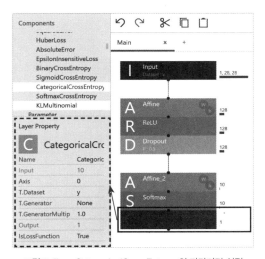

그림 5-7-g. CategoricalCrossEntropy의 파라미터 설정

이상으로 컴포넌트의 파라미터 설정을 완료하고 네트워크를 완성했습니다.

5.1.5 학습 조건과 최적화 설정

다음에 학습할 네트워크의 각 화면의 파라미터는 학습에 최소로 필요한 만큼만 설정합니다. 다른 파라미터도 설정하려면 4장 4.1절의 내용을 다시 살펴보거나 neural_ network_console_110 폴더 안의 매뉴얼 manual.pdf의 해당 부분을 확인하세요.

'CONFIG' 탭을 클릭해 'Global Config' 화면에서 학습 조건을 설정합니다.

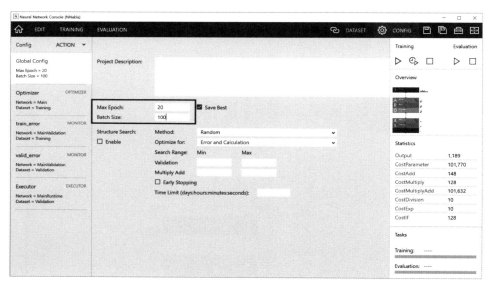

그림 5-8-a. Global Config의 설정

설정 부분

▶▶▶ Max Epoch: 에포크 수를 '20'으로 합니다.

▶▶▶ Batch Size: 미니 배치 수를 '100'으로 합니다.

'Optimizer' 화면에서 최적화 기법과 학습 계수를 설정합니다.

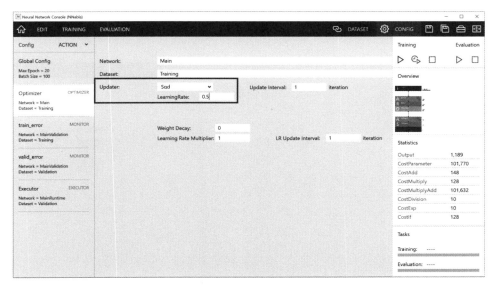

그림 5-8-b. Optimizer의 설정

설정 부분

▶ ▶ ▶ Updater: 최적화 기법에 'Sgd'를 사용합니다.

▶ ▶ ▶ LearningRate: 학습 계수를 '0.5'로 합니다.

'train_error' 화면에서 학습 오차의 계산에 관한 설정을 확인하고 **'valid_error'** 화면에서 평가 오차의 계산에 관한 설정을 확인합니다.

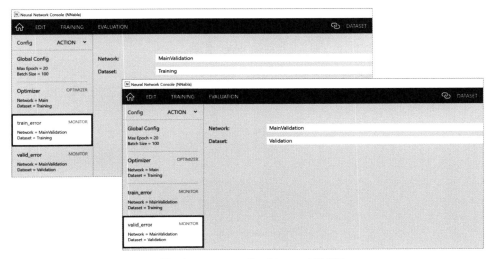

그림 5-8-c. train_error와 valid_errror 설정 확인

'**Executor**' 화면에서 모델의 평가에 관한 설정을 확인합니다.

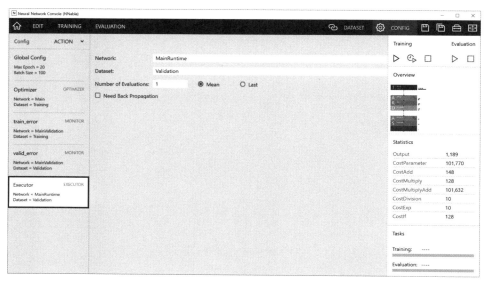

그림 5-8-d. Executor의 설정

이상으로 학습 조건과 최적화 설정을 완료했습니다. CONFIG 화면의 오른쪽 위에 있는 플로피 디스크 아이콘을 클릭해 임의의 위치에 임의의 이름으로 지금까지 구현한 내용을 프로젝트로 저장합시다.

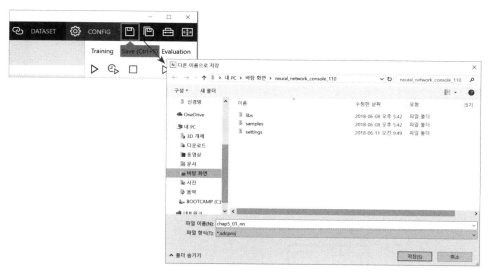

그림 5-9. 프로젝트 저장

플로피 디스크 아이콘의 오른쪽에 여러 개의 플로피 디스크가 연결된 아이콘이 있습니다. 기존 프로젝트를 다른 이름으로 저장하고 싶을 때 그것을 이용합니다. 프로젝트는 EDIT 화면과 TRAINING 화면, EVALUATION 화면에서도 저장할 수 있습니다.

5.1.6 학습의 실행

EDIT 화면, TRAINING 화면, EVALUATION 화면, CONFIG 화면 중 한 화면에서 학습을 실행합시다. 각 화면 오른쪽 끝의 학습 실행 버튼(오른쪽 삼각형 아이콘)을 클릭합니다.

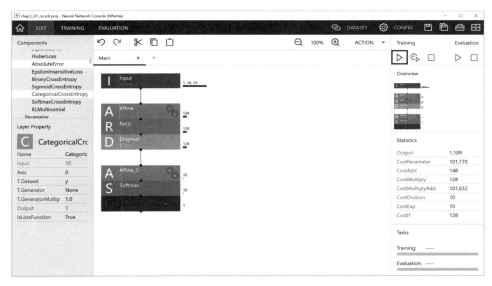

그림 5-10. 학습의 실행

'TRAINING' 탭을 클릭해 TRAINING 화면을 열고 학습이 종료될 때까지 기다립니다.

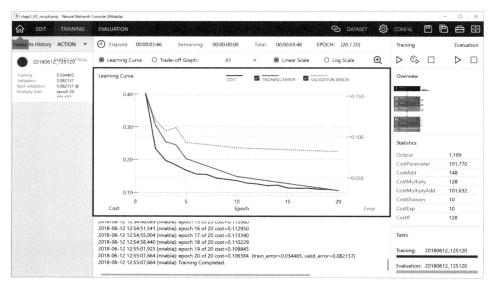

그림 5-11. 학습 곡선의 표시

학습 곡선으로부터 단기 에포크로 오차가 수렴하고 있는 것을 알 수 있습니다.

5.1.7 평가의 실행

EDIT 화면, TRAINING 화면, EVALUATION 화면, CONFIG 화면 중 한 화면에서 평가를 해 봅시다. 각 화면 오른쪽 끝의 평가 실행 버튼(오른쪽 삼각형 아이콘)을 클릭합니다.

'EVALUATION' 탭을 클릭해 EVALUATION 화면을 열고 평가가 끝날 때까지 기다립니다.

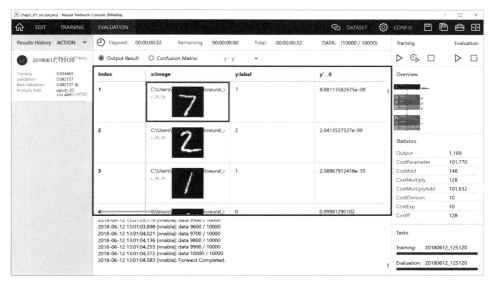

그림 5-12. 평가 결과의 표시

평가 결과로부터 각 평가 데이터에 대한 출력 결과 y'_0~y'_9 값을 알 수 있습니다. 아울러 혼동 행렬로부터 제대로 분류한 데이터 수, 잘못 분류된 데이터 수, 재현율, 적합률 등을 확인할 수 있습니다.

	y'_0	y'_1	y'_2	y'_3	y'_4	y'_5
y:label=0	970	0	2	0	0	2
y:label=1	0	1121	3	1	0	1
y:label=2	2	1	1014	3	2	0
y:label=3	0	0	7	972	0	15
y:label=4	0	0	2	0	967	0
y:label=5	2	1	0	1	1	873
y:label=6	6	3	0	1	2	4
y:label=7	3	6	15	4	1	0
y:label=8	10	3	1	1	4	5

○ Output Result ● Confusion Matrix: y - y' ▼

그림 5-13. 혼동 행렬의 표시

평가 결과와 혼동 행렬의 값은 CSV 파일로 저장할 수 있습니다. 각 화면에서 마우스 오른쪽을 클릭하고 'Save CSV as…'를 선택한 후 임의의 위치에 임의의 이름으로 저장합니다.

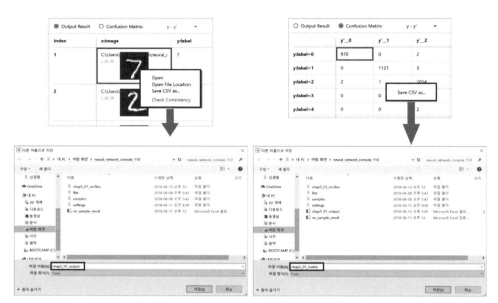

그림 5-14-a. 평가 결과와 혼동 행렬을 CSV 파일로 출력(1)

각각 저장한 CSV 파일을 열고 내용을 확인해 봅시다.

x:image	y:label	y'_0	y'_1	y'_2	y'_3	y'_4
C:₩Users₩	7	8.88E-09	5.84E-12	5.48E-07	2.89E-07	2.21E-15
C:₩Users₩	2	2.04E-09	3.17E-05	0.999968	7.98E-08	2.75E-16
C:₩Users₩	1	2.09E-10	0.99998	1.34E-06	2.42E-07	3.74E-07
C:₩Users₩	0	0.999813	2.98E-09	0.000171	2.06E-10	7.84E-09
C:₩Users₩	4	8.88E-07	2.33E-09	1.33E-06	1.33E-09	0.999625
C:₩Users₩	1	6.49E-14	0.999997	1.63E-10	1.79E-09	6.39E-08
C:₩Users₩	4	1.78E-11	2.48E-10	5.94E-10	2.79E-08	0.999987
C:₩Users₩	9	4.74E-07	2.75E-07	9.88E-06	0.000327	0.000156
C:₩Users₩	5	3.15E-12	1.55E-12	2.14E-08	2.57E-12	1.59E-10
C:₩Users₩	9	4.45E-11	1.37E-09	2.05E-09	7.52E-07	0.001647
C:₩Users₩	0	0.999996	3.30E-12	4.43E-06	2.78E-12	5.84E-15
C:₩Users₩	6	0.000269	1.18E-07	7.41E-06	1.55E-07	3.36E-07
C:₩Users₩	9	1.03E-11	2.26E-09	4.37E-09	2.79E-06	0.000195
C:₩Users₩	0	0.999999	1.50E-13	7.53E-07	8.62E-14	1.00E-13
C:₩Users₩	1	5.20E-15	1	6.28E-10	5.01E-09	3.66E-08
C:₩Users₩	5	2.86E-09	2.66E-08	1.99E-08	0.001194	2.80E-12
C:₩Users₩	9	2.66E-08	1.65E-11	1.71E-06	2.62E-07	9.19E-07

	y'_0	y'_1	y'_2	y'_3	y'_4	y'_5
y:label=0	970	0	2	0	0	2
y:label=1	0	1121	3	1	0	1
y:label=2	2	1	1014	3	2	0
y:label=3	0	0	7	972	0	15
y:label=4	0	0	2	0	967	0
y:label=5	2	1	0	1	1	873
y:label=6	6	3	0	1	2	4
y:label=7	3	6	15	4	1	0
y:label=8	10	3	1	1	4	5
y:label=9	4	2	2	2	9	4
Precision	0.9738	0.9841	0.9694	0.9868	0.9807	0.9657
F-Measures	0.9816	0.9858	0.9759	0.9743	0.9826	0.9721
Accuracy	0.9766					
Avg.Precision	0.9764					
Avg.Recall	0.9765					
Avg.F-Measures	0.9763					

그림 5-14-b. 평가 결과와 혼동 행렬을 CSV 파일로 출력(2)

이번 학습에서 MNIST 데이터의 분류 정밀도는 '0.9766'이었습니다. 신경망을 사용하면 손으로 쓴 문자를 97% 정도로 인식할 수 있다는 것을 알았습니다.

계속해서 CNN을 사용해 학습하고 손으로 쓴 문자의 분류 정밀도를 확인해 봅시다.

5.2 CNN을 이용한 이미지 분류 (2)

5.1절과 마찬가지로 MNIST 데이터 세트를 사용해 2장 2.3절에서 설명한 합성곱 신경망(CNN)을 이용해 이미지를 분류해 봅시다.

5.2.1 새로운 프로젝트 만들기

5.1절과 같은 조작으로 새로운 프로젝트를 만듭니다. 'PROJECT'를 클릭하고 PROJECT 화면의 'New Project'를 클릭합니다. 그러면 EDIT 화면이 열립니다.

5.2.2 데이터 세트의 선택

5.1절과 같은 조작으로 학습과 평가에 사용할 데이터 세트를 선택합니다. 'DATASET' 탭을 클릭하고 DATASET 화면을 엽니다. 그리고 학습에 사용할 데이터 세트로 'Training' 화면에서 mnist_training.csv를 선택합니다.

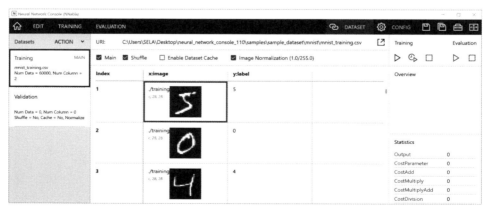

그림 5-15-a. 학습 데이터의 선택

평가에 사용할 데이터 세트로 'Validation' 화면에서 **mnist_test.csv**를 선택합니다.

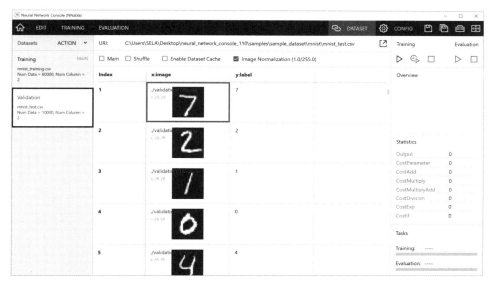

그림 5-15-b. 평가 데이터의 선택

각 화면의 윗부분에 있는 'Main', 'Shuffle', 'Image Normalization(1.0/255.0)'은 각각 초기 설정 그대로 사용합니다.

5.2.3 네트워크 만들기: 컴포넌트의 배치

그림 5-16에 표시한 CNN을 만듭니다.

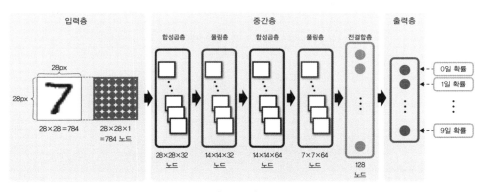

그림 5-16. 만들 CNN

입력층이 28×28×1 노드, 중간층은 합성곱층과 풀링층이 2층씩, 전결합층이 1층, 출력층이 10노드(숫자 0~9까지 10 종류)로 구성된 CNN입니다. 합성곱층에 사용할 필터의 슬라이드 크기는 5로 하고 풀링층 영역의 크기는 2로 합니다. 또 전결합층의 노드 수를 128로 합니다. 중간층에서는 활성화 함수에 ReLU 함수를 사용합니다. 출력층에서는 활성화 함수에 ReLU 함수를 사용해 드롭아웃을 시행하고 오차 함수에 교차 엔트로피를 사용합니다.

5.1절과 마찬가지로 EDIT 화면을 열어 Main 탭 안에 네트워크를 만듭니다. 'Components'에서 CNN에 필요한 컴포넌트를 찾아내고 그림 5-17과 같이 'Main' 탭 안에 배치합니다.

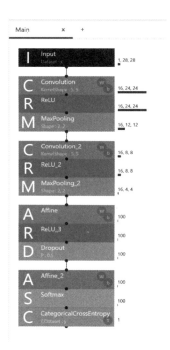

그림 5-17. CNN에 필요한 컴포넌트의 배치

▶▶▶ **입력층**: 'Input'(입력층)을 1개 배치합니다.

▶▶▶ **중간층**: 'Convolution'(합성곱층)을 2개, 'MaxPooling'(풀링층)을 2개, 'Affine'(전결합층)을 1개, 'ReLU'(ReLU 함수)를 3개, 'Dropout'(드롭아웃)을 1개 배치합니다.

▶▶▶ **출력층**: 'Affine'(전결합층)을 1개, 'Softmax'(소프트맥스 함수)를 1개, 'CategoricalCrossEntropy'(교차 엔트로피)를 1개 배치합니다.

동일한 컴포넌트를 먼저 배치할 때 각 컴포넌트 이름 뒤에 '_2'처럼 연속 번호가 부여됩니다. 배치가 끝나면 각 컴포넌트를 선으로 연결해 레이아웃을 조정합시다.

5.2.4 네트워크 만들기: 컴포넌트의 파라미터 설정

5.1절과 같은 조작으로 배치한 컴포넌트의 파라미터를 설정합니다.

먼저 입력층의 파라미터를 설정합시다. Input을 클릭합니다.

설정 부분

▶▶▶ Size: 입력 데이터의 크기를 설정합니다. MNIST의 이미지는 그레이 스케일, 화면 크기는 28×28픽셀입니다. 따라서 '1, 28, 28'로 합니다(초깃값).

계속해서 합성곱층의 파라미터를 설정합니다. 'Convolution'(첫 번째)과 'Convolution_2' (두 번째)를 클릭합니다.

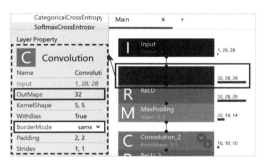

그림 5-18-a. Convolution의 파라미터 설정

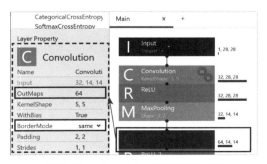

그림 5-18-b. Convolution_2의 파라미터 설정

설정 부분

▶ ▶ ▶ **OutMaps**: 출력 차원 수(필터 수)를 설정합니다. 여기서는 'Convolution'을 '32', 'Convolution_2'를 '64'
로 합니다.

▶ ▶ ▶ **BorderMode**: 합성곱을 시행하는 범위를 지정합니다. 여기서는 입출력의 크기를 같게 유지하고자
'Convolution'과 'Convolution_2' 모두 'same'으로 합니다. 'same'을 선택하면 'Padding'이 '2, 2'로 자동
으로 변경됩니다.

풀링층의 파라미터를 확인합시다. 'Maxpooling'(첫 번째)과 'Maxpooling_2'(두 번째)를
클릭합니다.

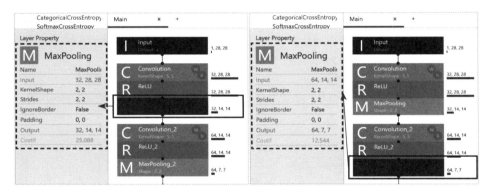

그림 5-19. Maxpooling과 Maxpooling_2의 파라미터 설정

'Convolution'과 'Convolution_2'의 파라미터 설정이 반영돼 있는 것을 알 수 있습니다.
여기서는 초깃값을 그대로 사용합니다.

'ReLU'(ReLU 함수)와 'ReLU_2'의 파라미터는 초깃값을 그대로 사용합니다.

전결합층의 파라미터를 설정합시다. 'Affine'을 클릭합니다.

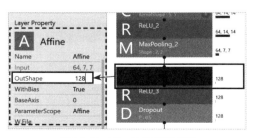

그림 5-20. Affine의 파라미터 설정

설정 부분

▶▶▶ OutShape: 출력할 노드 수를 설정합니다. 여기서는 '128'로 합니다.

'ReLU_3'과 'Dropout'(드롭아웃)은 초깃값을 그대로 사용합니다.

출력층의 파라미터를 설정합시다. 'Affine_2'를 클릭합니다.

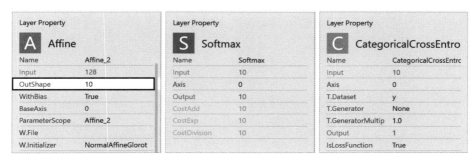

그림 5-21. Affine_2, Softmax, CategoricalCrossEntropy의 파라미터 설정

설정 부분

▶▶▶ OutShape: 출력할 노드 수를 설정합니다. 여기서는 숫자 0~9까지 10 종류가 있으므로 '10'으로 합니다.

'Softmax'(소프트맥스 함수)와 'CategoricalCrossEntropy'(교차 엔트로피)는 초깃값을 그대로 사용합니다.

이상으로 컴포넌트의 파라미터 설정을 완료하고 네트워크를 완성했습니다.

5.2.5 학습 조건과 최적화 설정

5.1절과 같은 조작으로 'CONFIG' 탭을 클릭하고 'Global Config' 화면에서 학습 조건을 설정합니다.

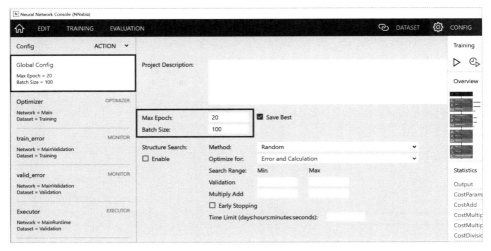

그림 5-22-a. Global Config의 설정

설정 부분

▶▶▶ Max Epoch: 에포크 수를 '20'으로 합니다.

▶▶▶ Batch Size: 미니 배치 수를 '100'으로 합니다.

'Optimizer' 화면에서 최적화 기법과 학습 계수를 설정합니다.

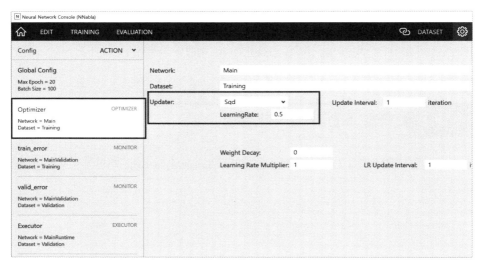

그림 5-22-b. Optimizer의 설정

설정 부분

▶▶▶ Updater: 최적화 기법에 'Sgd'를 사용합니다.

▶▶▶ LearningRate: 학습 계수를 '0.5'로 합니다.

'train_error' 화면, 'valid_error' 화면, 'Executor' 화면은 초기 설정을 그대로 사용합니다.

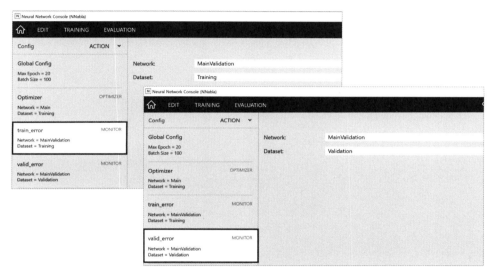

그림 5-22-c. train_error와 valid_error 설정의 확인

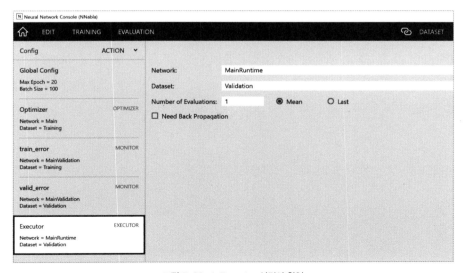

그림 5-22-d. Executor 설정의 확인

이상으로 학습 여건과 최적화 설정을 완료했습니다.

CONFIG 화면의 오른쪽 윗부분에 표시된 플로피 디스크 아이콘을 클릭해 임의의 장소에 임의의 이름으로 지금까지 구현한 내용을 프로젝트로 저장합니다.

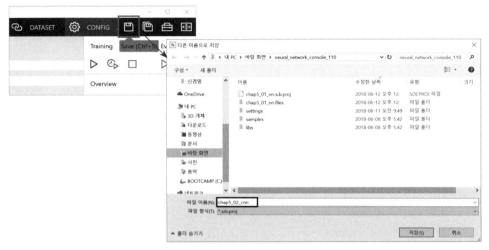

그림 5-23. 프로젝트의 저장

5.2.6 학습의 실행

EDIT 화면, TRAINING 화면, EVALUATION 화면, CONFIG 화면 중 한 화면에서 학습을 실행합시다. 각 화면 오른쪽 끝의 학습 실행 버튼(오른쪽 삼각형 아이콘)을 클릭합니다.

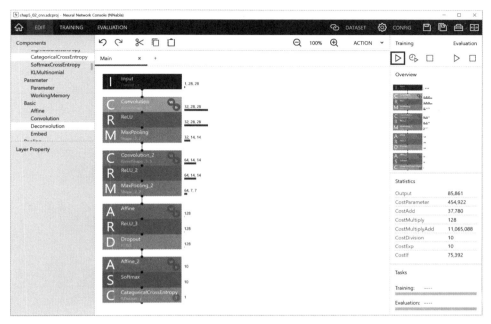

그림 5-24. 학습의 실행

'**TRAINING**' 탭을 클릭해 TRAINING 화면을 열고 학습이 종료될 때까지 기다립니다.

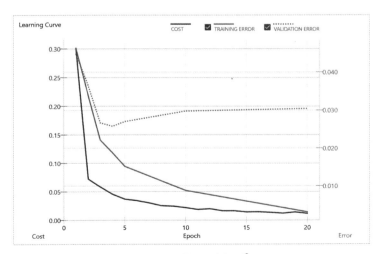

그림 5-25. 학습 곡선의 표시²

---

2 (옮긴이) 실행에 2시간 30분 정도 걸립니다.

화면 중앙에 표시된 학습 곡선으로부터 5.1절의 학습보다 단기 에포크로 오차가 수렴하고 있는 것을 알 수 있습니다.

5.2.7 평가의 실행

EDIT 화면, TRAINING 화면, EVALUATION 화면, CONFIG 화면 중 한 화면에서 평가를 합시다. 각 화면 오른쪽 끝의 평가 실행 버튼(오른쪽 삼각형 아이콘)을 클릭합니다.

'EVALUATION' 탭을 클릭해 EVALUATION 화면을 열고 평가가 끝날 때까지 기다립니다.

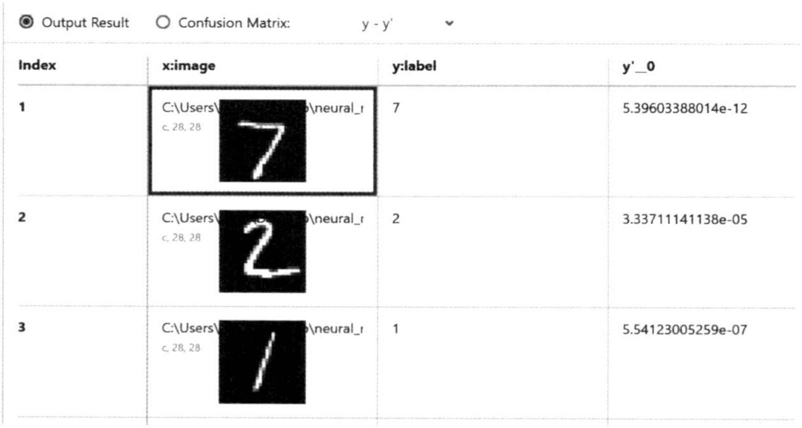

그림 5-26. 실행 결과의 표시

화면 중앙의 평가 결과로부터 각 평가 데이터에 대한 출력 결과 y'_0~y'_9 값을 알 수 있습니다. 또 화면 윗부분의 'Confusion Matrix'를 선택하면 화면 중앙에 혼동 행렬이 표시됩니다.

○ Output Result ◉ Confusion Matrix: y - y'

	y'_0	y'_1	y'_2	y'_3	y'_4	y'_5
y:label=0	974	0	1	0	0	0
y:label=1	0	1131	0	2	0	1
y:label=2	1	3	1019	1	1	0
y:label=3	0	0	0	1008	0	1
y:label=4	0	0	0	0	973	0
y:label=5	1	0	0	7	0	882
y:label=6	1	2	0	0	0	3
y:label=7	0	2	6	2	0	0
y:label=8	2	0	1	3	0	1
y:label=9	0	3	0	1	7	3

그림 5-27. 혼동 행렬의 표시

상하 좌우로 스크롤하면 제대로 분류한 데이터 수, 잘못 분류된 데이터 수, 재현율, 적합률 등을 확인할 수 있습니다. 5.1절과 마찬가지로 결과를 CSV 파일로 저장할 수 있습니다.

x:image	y:label	y'_0	y'_1	y'_2	y'_3	y'_4
C:₩Users₩	7	5.40E-12	1.18E-08	5.67E-07	1.83E-08	5.92E-11
C:₩Users₩	2	3.34E-05	2.48E-05	0.999872	6.73E-10	5.91E-06
C:₩Users₩	1	5.54E-07	0.999669	4.38E-06	4.78E-07	0.000205
C:₩Users₩	0	0.999989	2.24E-09	8.38E-09	4.02E-10	4.41E-10
C:₩Users₩	4	6.24E-09	9.67E-07	4.78E-07	6.03E-09	0.999925
C:₩Users₩	1	2.49E-08	0.999987	1.61E-07	3	
C:₩Users₩	4	5.21E-07	0.000314	0.000121	3	
C:₩Users₩	9	7.20E-07	1.72E-07	4.43E-06	5	
C:₩Users₩	5	1.60E-09	1.28E-10	7.45E-11	5	
C:₩Users₩	9	1.38E-09	1.14E-08	1.36E-08	1	
C:₩Users₩	0	0.999996	6.99E-08	2.80E-06	3	
C:₩Users₩	6	8.63E-09	3.55E-11	2.88E-12	6	
C:₩Users₩	9	5.70E-12	1.72E-11	2.83E-11	9	
C:₩Users₩	0	1	2.06E-12	1.20E-10	6	
C:₩Users₩	1	1.43E-09	1	1.15E-08	2	

	y'_0	y'_1	y'_2	y'_3	y'_4
y:label=0	974	0	1	0	0
y:label=1	0	1131	0	2	0
y:label=2	1	3	1019	1	1
y:label=3	0	0	0	1008	0
y:label=4	0	0	0	0	973
y:label=5	1	0	0	7	0
y:label=6	1	2	0	0	0
y:label=7	0	2	6	2	0
y:label=8	2	0	1	3	0
y:label=9	0	3	0	1	7
Precision	0.9948	0.9912	0.9922	0.9843	0.9918
F-Measures	0.9942	0.9937	0.9897	0.9911	0.9912
Accuracy	0.991				
Avg.Precision	0.991				
Avg.Recall	0.9909				
Avg.F-Measures	0.9909				

그림 5-28. 평가 결과와 혼동 행렬을 CSV 파일로 저장

이번 학습에서 MNIST 데이터의 분류 정밀도는 '0.991'이었습니다. CNN을 사용하면 손으로 쓴 문자를 정밀도 99%로 인식하는 것을 알았습니다. 손으로 쓴 문자를 잘못 인식할 확률이 1%이니 상당히 높은 정밀도입니다.

지금까지는 구현한 네트워크를 그대로 사용해 학습하고 평가했습니다. 모델의 정밀도를 높이려면 층에서 사용할 활성화 함수나 파라미터를 튜닝해야 합니다. 그러나 신경망이나 CNN 같은 복잡한 기법에서는 학습에서 설정해야 할 파라미터가 많기 때문에 튜닝할 때 지식과 경험이 필요합니다.

NNC는 그러한 숙련자가 하는 작업을 초보자가 쉽게 할 수 있는 기능을 제공합니다. 다음 5.3절에서 더 자세히 알아봅시다.

5.3 네트워크 구조의 최적화

5.1절에서 구현한 신경망을 최적화하고 모델의 정밀도를 더욱 높여봅시다.

5.3.1 앞에서 만든 프로젝트 복제

5.1절에서 만든 프로젝트를 열고 다른 이름으로 저장합니다.

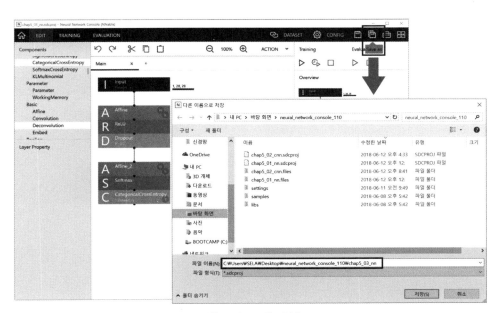

그림 5-29. 프로젝트 복제

5.3.2 네트워크 구조의 최적화 설정

'CONFIG' 탭을 클릭하고 'Global Config' 화면에서 네트워크 구조를 최적화하는 설정을 합니다.

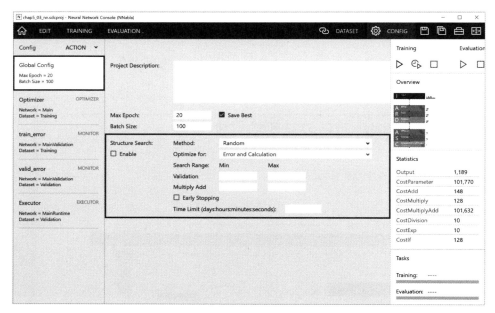

그림 5-30-a. 최적화 설정

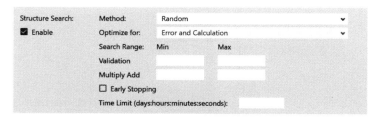

그림 5-30-b. Structure Search의 설정

▶▶▶ Enable: 체크한 상태로 학습을 실행하면 네트워크의 최적화가 이뤄집니다. 학습을 반복하고 네트워크 구조를 변화시켜가며 정밀도가 더 높고 계산량이 적은 네트워크 구조를 찾습니다. 체크하지 않은 상태로 학습을 실행하면 네트워크의 최적화는 이뤄지지 않습니다. 여기서는 체크를 합니다.

▶▶▶ **Method**: 최적화에 사용하는 기법을 선택합니다. 여기서는 'Random'을 선택합니다.

- Random: 시행착오로 최적의 네트워크를 찾습니다. 그렇기 때문에 최적화에 시간이 걸립니다.
- Network Feature+Gaussian Process: 네트워크 특징량과 가우시안 프로세스(Gaussian Process)를 사용한 베이지안 최적화(Bayesian Optimization)로 최적의 네트워크를 찾습니다. Random에 비해 최적화에 걸리는 시간은 적게 듭니다.

▶▶▶ **Optimize for**: 최적화 대상을 선택합니다. 여기서는 'Error and Calculation'으로 합니다.

- Error: 연산량을 고려하지 않고 오차가 적음을 중시해 네트워크를 찾습니다.
- Error and Calculation: 오차와 연산량이 적은 네트워크를 찾습니다. 'Method'에서 'Random'을 선택했다면 이 옵션만 선택할 수 있습니다.

▶▶▶ **Search Range**: 탐색 범위(최솟값과 최댓값)를 지정합니다. 여기서는 설정하지 않습니다.

- Validation: 정밀도를 탐색 범위로 합니다.
- Multiply Add: 곱셈 가산 횟수를 탐색 범위로 합니다.

▶▶▶ **Early Stopping**: 체크하면 탐색을 조기 중단합니다.

▶▶▶ **Time Limit**: 평가하는 상한 시간을 설정합니다. Early Stopping과 세트로 사용합니다.

여기까지 설정을 완료했으면 화면 오른쪽 위에 표시된 학습 실행 버튼을 클릭하고 네트워크 구조의 자동 최적화를 시험해 봅시다. 학습 정지 버튼을 누르지 않는 한 최적화를 계속합니다.

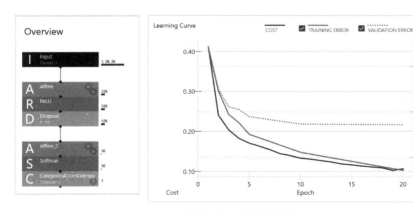

그림 5-31-a. 첫 번째 최적화

화면 오른쪽의 'Overview'에 학습한 네트워크가 표시됩니다. 1번째 최적화에서는 그림 5-31-a의 왼쪽에 있는 네트워크를 사용해 학습하고 그림 5-31-a의 오른쪽 학습 곡선을 얻을 수 있습니다. 이때 분류 정밀도는 97.67%입니다.

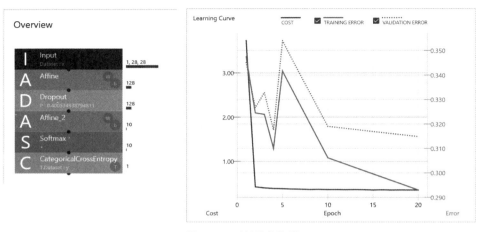

그림 5-31-b. 다섯 번째 최적화

5번째의 최적화에서는 그림 5-31-b의 왼쪽에 있는 네트워크를 사용해 학습하고 그림 5-31-b의 오른쪽 학습 곡선을 얻었습니다. 네트워크의 중간층에 ReLU가 없어지고 1회째 네트워크 구조와 달라진 것을 알 수 있습니다. 이때의 분류 정밀도는 91.6%입니다. 1번째보다 정밀도가 낮아졌습니다.

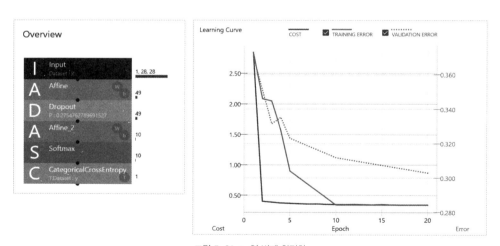

그림 5-31-c. 열 번째 최적화

10번째의 최적화에서는 그림 5-31-c의 왼쪽에 있는 네트워크를 사용해 학습하고 그림 5-31-c의 오른쪽 학습 곡선을 얻었습니다. 네트워크의 전결합층의 노드 수가 128개에서 49개로 감소하고 다섯 번째 네트워크 구조로 바뀐 것을 알 수 있습니다. 이때의 분류 정밀도는 91.59%입니다. 5번째보다 정밀도가 높아지면서 1번째 최적화 결과에 가까워지고 있습니다. 이는 시행착오로 구조를 최적화하도록 설정해서 발생하는 현상입니다.

지금까지 네트워크 구조를 최적화하는 방법을 알아봤습니다. CONFIG 화면에서 간단하게 설정하고 실행할 수 있습니다. 튜닝은 어려운 작업이지만, NNC의 이 기능을 사용하면 어렵지 않게 할 수 있습니다.

5장 정리

이 장에서는 프로젝트를 새로 만들어 네트워크를 처음부터 만들고 MNIST 데이터 세트를 사용해 학습과 평가를 수행했습니다.

먼저 기본적인 신경망을 만들어 학습 및 평가를 하고 손으로 쓴 문자의 분류 정밀도를 확인했습니다. 그다음, CNN을 만들어 학습과 평가를 하고 손으로 쓴 문자의 분류 정밀도를 확인했습니다. 전자의 정밀도는 96.6%, 후자의 정밀도는 99.1%이었습니다.

4장에서는 Small MNIST 데이터 세트를 사용해 신경망과 CNN으로 분류 작업을 했고 CNN쪽에서 높은 정밀도의 결과를 얻었습니다. 이 장과 4장의 결과를 바탕으로 이미지 데이터의 분류에 관해서는 CNN을 이용한 구현이 효과적임을 알 수 있습니다.

또한 이 장에서는 완성된 네트워크 구조의 최적화를 수행했습니다. 몇 가지만 설정하고 실행하면 나머지는 NNC가 자동으로 최적의 네트워크를 만들어 줍니다. 최적화의 유용성도 이해했을 것입니다.

지금까지는 이미 준비된 이미지를 사용해 구현해 봤습니다. 6장에서는 자신만의 이미지를 사용해 구현하는 방법을 설명합니다.

Chapter

6

상급:

원본 이미지로 구현해 보자!

5장에서 네트워크를 처음부터 만들고 MNIST 데이터 세트를 사용해 학습과 평가를 했습니다. 또 네트워크 구조의 최적화도 체험해 봤습니다.

이 장에서는 더욱 실질적인 내용으로 원본 이미지와 CNN을 사용한 이미지 분류 모델을 만들어 보겠습니다.

6.1 데이터 세트 만들기

구현에 사용할 이 책의 원본 이미지 데이터는 상태가 '0'(Positive)과 '1'(Negative), 두 종류를 가집니다. 0이 291개, 1이 193개인 총 484개의 개(dog) 이미지입니다. 내려받는 방법은 이 책의 맨 앞(IV쪽)을 참고하세요.

그림 6-1-a. 0(Positive)의 이미지   그림 6-1-b. 1(Negative)의 이미지

이 책에서는 이 이미지 데이터 세트를 다운로드 폴더 아래에 배치합니다.

▶ ▶ ▶ 0(Positive)

C:\Users\<user_name>\Downloads\dogs\0

▶ ▶ ▶ 1(Negative)

C:\Users\<user_name>\Downloads\dogs\1
※ <user_name>은 PC 사용자명입니다.

실제 이미지는 컬러이며 이미지 1개의 크기는 32×32픽셀입니다.

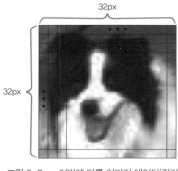

그림 6-2-a. 이번에 다룰 이미지 데이터(컬러)

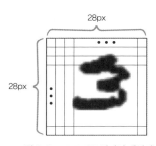

그림 6-2-b. MINIST 이미지 데이터

4장의 Small MNIST 데이터 세트와 5장의 MNIST 데이터 세트는 그레이 스케일 이미지이며 이미지 한 장의 크기는 28×28픽셀이었습니다. 이 장에서 취급하는 데이터는 이제까지 사용한 것과 성질이 다르기 때문에 구현할 때 주의합시다.

그런데 4장에서 NNC에서 이미지 데이터 세트를 사용해 구현하려면 이미지 데이터의 저장 경로와 정답 값을 가진 CSV 데이터와 경로에 대응한 이미지 데이터, 두 종류가 필요하다고 설명했습니다.

x:image	y:9
./training/4/2.png	0
./training/9/4.png	1
./training/4/9.png	0
./training/9/19.png	1
./training/4/20.png	0
./training/9/22.png	1
./training/4/26.png	0
./training/9/33.png	1
./training/9/43.png	1
./training/9/45.png	1
./training/9/48.png	1
./training/4/53.png	0
./training/9/54.png	1
./training/9/57.png	1
./training/4/58.png	0

그림 6-3. CSV 데이터와 이미지 데이터의 짝(MINIST)

그러나 아직 이미지 데이터밖에 없습니다. 그래서 NNC의 기능을 사용해 이러한 파일을 추가해 만들어 보겠습니다.

6.1.1 폴더 만들기

우선 CSV 데이터와 이미지 데이터를 저장하는 폴더를 만듭니다.

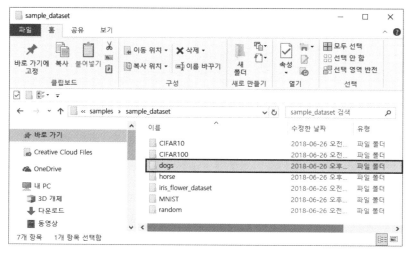

그림 6-4. 폴더 만들기

이 책에서는 sample_dataset 폴더 아래에 dogs 폴더를 만듭니다.

C:\Users\<user_name>\Desktop\neural_network_console_110\samples\sample_dataset
※ <user_name>은 PC의 사용자명입니다.

다음에 다운로드 폴더 아래의 원본 이미지 데이터를 변환하고 NNC로 구현할 때 사용할 수 있는 데이터 세트를 만듭니다. DATASET 화면의 'Create Dataset'을 클릭합니다.

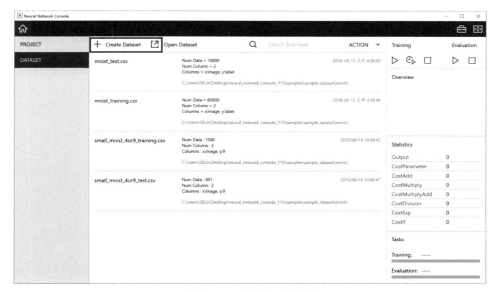

그림 6-5-a. 데이터 세트 만들기(1)

Create Dataset 화면에서 정보를 입력합니다.

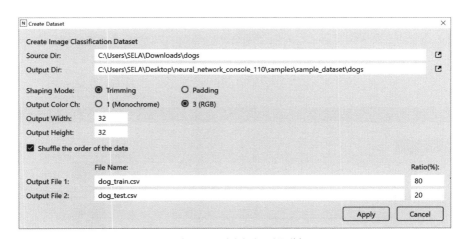

그림 6-5-b. 데이터 세트 만들기(2)

▶▶▶ Source Dir: 원본 이미지 데이터가 저장된 폴더를 설정합니다. 여기서는 상태가 0과 1인 이미지를 저장하고 있는 다음과 같은 폴더입니다.

　　C:\Users\<user_name>\Downloads\dogs
　　※ <user_name>은 PC 사용자명입니다.

▶▶▶ Output Dir: 만든 데이터 세트를 저장할 폴더를 설정합니다. 여기서는 앞에서 만든 다음과 같은 폴더입니다.
C:\Users\<user_name>\Desktop\neural_network_console_100\samples\sample_datase\
dogs
※ <user_name>은 PC 사용자명입니다.

▶▶▶ Shaping Mode: 이미지 데이터의 종횡비를 맞춰 변환합니다. 여기서는 'Trimming'으로 합니다.
- Trimming: 이미지의 끝을 잘라냅니다.
- Padding: 이미지의 끝을 0으로 채웁니다.

▶▶▶ Output Color Ch: 변환할 이미지의 컬러 채널을 설정합니다. 그레이 스케일 이미지면 '1', 컬러 이미지면 '3'입니다. 여기서는 '3'으로 합니다.

▶▶▶ Output Width: 변환할 이미지의 가로폭을 설정합니다. 여기서는 '32'로 합니다.

▶▶▶ Output Height: 변환할 이미지의 세로폭을 설정합니다. 여기서는 '32'로 합니다.

▶▶▶ Shuffle the order of the data: 체크하면 만들 데이터 세트를 섞어서 정렬합니다. 여기서는 체크합니다.

▶▶▶ Output file 1: 출력할 CSV 파일명(학습용)과 데이터 수의 비율을 설정합니다. 여기서는 CSV 파일명을 'dogs_train.csv'로 하고 학습 데이터는 전체의 '80'%로 합니다.

▶▶▶ Output file 2: 출력할 CSV 파일명(평가용)과 데이터 수의 비율을 설정합니다. 여기서는 CSV 파일명을 'dogs_test.csv'로 하고 평가 데이터는 전체의 '20'%로 합니다.

설정을 완료하고 화면 아래의 'Apply'를 클릭하면 NNC에서 구현할 때 필요한 데이터 세트가 만들어집니다.

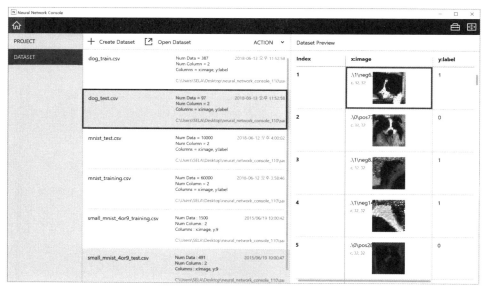

그림 6-6-a. 만든 학습 데이터

그림 6-6-b. 만든 평가 데이터

학습 데이터와 평가 데이터 모두 3개의 변수 Index, x:image, y:label로 구성됩니다. 변수 Index에는 이미지 번호(일련번호)가 저장되고 변수 x:image에는 이미지 데이터가 저장됩니다. 그리고 변수 y:label에는 이미지가 Positive면 '0', 이미지가 Negative면 '1'의 값이 저장됩니다.

이 데이터는 sample_dataset 폴더 아래에 만든 dogs 폴더의 데이터를 읽습니다. 다음 폴더를 열어 확인해 봅시다.

```
C:\Users\<user_name>\Desktop\neural_network_console_110\samples\sample_dataset\dogs
※ <user_name>은 PC 사용자명입니다.
```

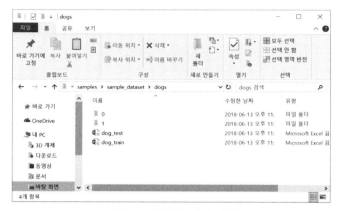

그림 6-7-a. 만든 데이터 세트 확인

6.1.2 데이터 세트 확인

시험 삼아 평가 데이터 dogs_test.csv를 열고 내용을 확인해 봅시다.

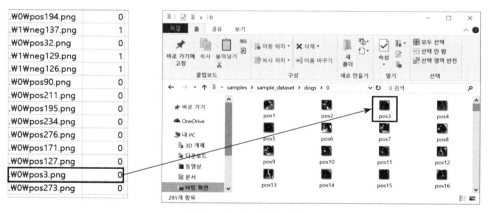

그림 6-7-b. 평가 데이터 확인

변수 x:image에는 이미지의 저장 경로가 들어갑니다. 그림 6-7-b와 같이 행 '.\0\pos3.png'는 dogs_test.csv와 같은 계층에 있는 폴더 0안의 pos3.png 이미지를 나타냅니다. 폴더 0을 열어 대응하는 이미지를 확인할 수 있습니다.

이상으로 구현에 사용할 데이터 세트를 만들었습니다. 여기서는 원본 이미지로 종횡비가 갖춰진 것을 사용했지만 종횡비가 갖춰지지 않아도 NNC의 기능으로 맞출 수 있습니다.

계속해서 네트워크를 만들어 봅시다.

6.2 네트워크 만들기

4장과 5장에서 이미지 데이터를 분류할 때 CNN을 사용하는 게 좋다고 설명했습니다. 여기서도 CNN을 사용해 이미지를 분류해 봅시다.

6.2.1 프로젝트 만들기

먼저 프로젝트를 만듭니다. 4장 4.2절에서 실행한 프로젝트 02_binary_cnn을 변경해 구현해 봅시다.

PROJECT 화면에서 **02_binary_cnn.sdcproj**를 클릭하고 프로젝트를 엽니다.

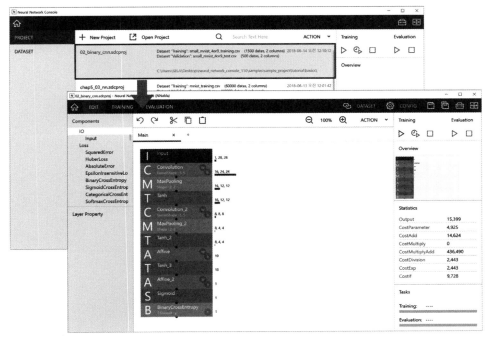

그림 6-8. 프로젝트 복제

EDIT 화면이 열리면 화면 오른쪽 위에 있는 겹친 플로피 디스크 아이콘을 클릭해 프로젝트를 원하는 위치에 임의의 이름으로 저장합니다.

6.2.2 네트워크의 수정

EDIT 화면에 표시돼 있는 네트워크를 수정합니다.

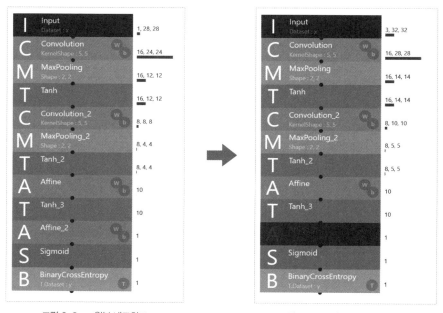

그림 6-9-a. 원본 네트워크　　　　　　　　　그림 6-9-b. 이번에 만들 네트워크

그림 6-9-a에 있는 네트워크는 그레이 스케일 이미지의 분류용으로 만든 것입니다. 이번에는 컬러 이미지를 분류하기 위해 그림 6-9-b에 있는 네트워크를 만듭니다.

Input(입력층)의 Size(입력 데이터의 크기)를 '3, 32, 32'로 변경합니다. 컬러 이미지이므로 컬러 채널이 '3', 비디오 크기가 32×32픽셀이라서 '32, 32'로 합니다.

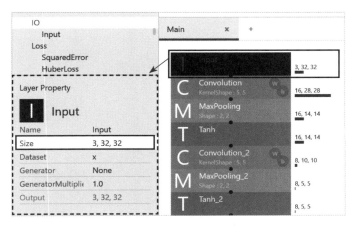

그림 6-10. Input의 Size 수정

기타 컴포넌트의 설정은 그대로 사용합니다. 원본 네트워크에 대해서는 4장에서
설명했습니다. 여기서는 입력층 이외는 변경하지 않아 전체적인 기능에 큰 변경은 없지만
다시 한번 위의 컴포넌트를 차례로 다시 설명합니다.

모든 층에 공통으로 적용되는 설정

- Name: 층의 이름을 설정합니다. 동일 네트워크 내에 하나뿐인 이름으로 해야 합니다.

- Input: 층의 입력 데이터 크기를 설정합니다.

- Output: 층의 출력 데이터 크기를 설정합니다.

- CostParameter: 층에 포함되는 파라미터 수를 설정합니다.

- CostAdd: 층의 순전파의 곱셈과 동시에 할 수 없는 가산 횟수를 설정합니다.

- CostMultiplyAdd: 층의 순전파의 곱셈 가산 횟수를 설정합니다.

▶▶▶ Input: 입력층
- Size: 입력 데이터의 크기를 설정합니다. 컬러 채널, 이미지의 높이, 이미지 너비 순으로 설정합니다. 컬
러 채널은 그레이 스케일 이미지면 '1', 컬러 이미지면 '3'입니다. 여기서는 '3, 32, 32'를 설정합니다.
- Dataset: 입력하는 변수명을 설정합니다. 여기서는 'x'입니다.
- Generator: 데이터 생성 방법을 설정합니다. 생성하지 않는다면 'None', −1.0~1.0의 균등 난수를 생성
한다면 'Uniform', 평균이 0.0에 분산이 1.0인 가우스 난수를 생성한다면 'Normal', 상수를 생성한다면
'Constant'를 설정합니다. 여기서는 'None'을 설정합니다.
- GeneratorMultiplier: Generator에서 생성한 값에 곱할 계수를 설정합니다. 여기서는 '1'(1배)입니다.

Input(입력층)에서 'Convolution'(첫 번째 합성곱층)으로 입력 크기 '3, 32, 32'의 데이터가 전달됩니다. 이것은 컬러 이미지라서 컬러 채널이 3, 화면 크기가 32×32픽셀이라는 것입니다.

▶▶▶ Convolution: 합성곱층

- **KernelShape**: 합성곱 필터의 크기를 설정합니다. 여기서는 첫 번째와 두 번째의 합성곱층 모두 '5, 5'(5×5 크기의 필터)입니다.

- **WithBias**: 바이어스 유무를 설정합니다. 여기서는 첫 번째와 두 번째의 합성곱층 모두 'True'(유)입니다.

- **OutMaps**: 출력 차원 수(필터 수)를 설정합니다. 여기서는 첫 번째의 합성곱층에서는 '16', 두 번째의 합성곱층에서는 '8'입니다.

- **BorderMode**: 합성곱을 시행하는 범위를 지정합니다. KernelShape으로 설정된 범위에서 합성곱한다면 'valid', 가능한 범위에서 합성곱한다면 'full', 입력 데이터와 출력 데이터의 크기가 같게 되는 범위에서 합성곱한다면 'same'을 설정합니다. 'full'과 'same'을 선택해서 범위가 부족하면 '0'으로 채웁니다. 여기서는 첫 번째와 두 번째의 합성곱층 모두 'valid'입니다.

- **Padding**: 처리 전에 데이터 배열의 끝에 0을 추가하는 크기를 설정합니다. 여기서는 첫 번째와 두 번째의 합성곱층 모두 BorderMode에서 'valid'를 선택하고 있어 '0, 0'(패딩 없음)입니다.

- **Strides**: 필터를 슬라이드시키는 데이터의 개수를 설정합니다. 여기서는 첫 번째와 두 번째의 합성곱층 모두 '1, 1'(1씩 슬라이드)입니다.

- **Dilation**: 필터 크기의 배율을 설정합니다. 여기서는 첫 번째와 두 번째의 합성곱층 모두 '1, 1'(1배)입니다.

- **Group**: OutMaps의 그룹화 단위를 설정합니다. 여기서는 첫 번째와 두 번째의 합성곱층 모두 '1'입니다.

- **ParameterScope**: 이 층에서 사용할 파라미터명을 설정합니다. 여기서는 첫 번째의 합성곱층은 'Convolution', 두 번째의 합성곱층은 'Convolution_2'입니다.

- **W.File**: 사전 학습에 의해 얻은 가중치를 사용할 때 가중치 값을 기록한 파일을 읽도록 설정합니다. 이 가중치를 사용할 때는 아래의 W.Initializer에 의한 초기화는 무효화됩니다. 여기서는 첫 번째와 두 번째의 합성곱층 모두 가중치 파일을 읽을 수 없습니다.

- **W.Initializer**: 초기화 방법을 설정합니다. −1.0~1.0의 균등 난수로 초기화한다면 'Uniform', 균등 난수에 재비어 그롯 제안의 계수를 곱해 초기화한다면 'UniformAffineGlorot', 평균이 0.0에 분산이 1.0인 가우스 난수로 초기화한다면 'Normal', 가우스 난수에 캐이밍 히 제안의 계수를 곱하고 초기화한다면 'NormalAffineHeForward'나 'NormalAffineHeBackward', 가우스 난수에 재비어 그롯 제안의 계수를 곱해 초기화한다면 'NormalAffineGlorot', 상수로 초기화한다면 'Constant'를 설정합니다. 표준으로 'NormalAffineGlorot'이 설정돼 있으며 여기서도 첫 번째와 두 번째의 합성곱층 모두 같습니다.

- **W.InitializerMultiplier**: Initializer에서 생성한 값에 곱할 계수를 설정합니다. 여기서는 첫 번째와 두 번째의 합성곱층 모두 '1'(1배)입니다.

- **W.LRateMultiplier**: 가중치 갱신에 사용할 학습 계수의 배율을 설정합니다. 학습 계수는 CONFIG 화면에서 설정합니다. 여기서는 '1.0'(1배)입니다.

- b.File: 바이어스를 사용할 때 바이어스 값을 기록한 파일을 읽기 위한 설정입니다. 이 바이어스를 사용할 때는 다음의 b.Initializer로 하는 초기화는 무효화됩니다. 여기서는 첫 번째와 두 번째의 합성곱층 모두 바이어스 파일을 읽지 않습니다.
- b.Initializer: 바이어스 초기화 방법을 설정합니다. −1.0~1.0의 균등 난수로 초기화한다면 'Uniform', 균등 난수에 재비어 그롯 제안의 계수를 곱해 초기화한다면 'UniformAffineGlorot', 평균이 0.0에 분산이 1.0인 가우스 난수로 초기화한다면 'Normal', 가우스 난수에 캐이밍 히 제안의 계수를 곱해 초기화한다면 'NormalAffineHeForward'나 'NormalAffineHeBackward', 가우스 난수에 재비어 그롯 제안의 계수를 곱해 초기화한다면 'NormalAffineGlorot', 상수로 초기화한다면 'Constant'를 설정합니다. 여기서는 'Constant'입니다.
  여기서는 첫 번째와 두 번째의 합성곱층 모두 'Constant'입니다.
- b.InitializerMultiplier: Initializer에서 생성한 값에 곱할 계수를 설정합니다. 여기서는 첫 번째와 두 번째의 합성곱층 모두 '0.0'입니다.
- b.LRateMultiplier: 바이어스 갱신에 사용할 학습 계수의 배율을 설정합니다. 학습 계수는 CONFIG 화면에서 설정합니다. 여기에서는 첫 번째와 두 번째 합성곱층 모두 '1'(1배)입니다.

▶▶▶ MaxPooling: 최대 풀링층
- KernelShape: 최댓값을 취하는 범위를 설정합니다. 여기서는 첫 번째와 두 번째의 풀링층 모두 '2, 2'(2×2의 범위)입니다.
- Strides: 최댓값을 취하는 데이터의 개수를 설정합니다. 여기서는 첫 번째와 두 번째의 풀링층 모두 '2, 2'(2씩)입니다.
- IgnoreBorder: 경계의 처리 방법을 설정합니다. KernelShape로 설정한 범위에서 최댓값을 취한다면 'True', 모든 범위에서 최댓값을 취한다면 'False'를 설정합니다. 여기서는 첫 번째와 두 번째의 풀링층 모두 'True'입니다.
- Padding: 처리 전에 데이터 배열의 끝에 0을 추가하는 크기를 설정합니다. 여기서는 첫 번째와 두 번째의 풀링층 모두 '0, 0'(패딩 없음)입니다.

'Convolution'(첫 번째의 합성곱층)에서 'MaxPooling'(첫 번째 풀링층)으로는 크기 '5, 5'의 합성곱 필터를 사용해 크기 1로 슬라이드돼 추출한 특징량이 크기 '16, 28, 28'의 데이터로 전달됩니다.

'MaxPooling'(첫 번째 풀링층)에서 'Convolution_2'(두 번째의 합성곱층)로는 크기 2×2 영역의 최댓값(특징량)이 크기 '16, 14, 14'의 데이터로 전달됩니다.

'Convolution_2'(두 번째의 합성곱층)로부터 'MaxPooling_2'(두 번째 풀링층)로는 크기 '5, 5'의 합성곱 필터를 사용해 크기 1로 슬라이드돼 추출한 특징량이 크기 '8, 10, 10'의 데이터로 전달됩니다.

'MaxPooling_2'(첫 번째 풀링층)에서 'Affine'(전결합층)으로는 크기 2×2 영역의 최댓값(특징량)이 크기 '8, 5, 5'의 데이터로 전달됩니다.

▶▶▶ Tanh: 층에서 사용할 활성화 함수를 설정합니다. 여기서는 쌍곡선 함수(하이퍼볼릭 탄젠트)로 합니다.

합성곱층과 풀링층, 전결합층에서의 계산에는 활성화 함수로 쌍곡선 함수(하이퍼볼릭 탄젠트)를 사용합니다.

▶▶▶ Affine: 전결합층

- OutShape: 출력할 노드 수를 설정합니다. 여기서는 첫 번째 전결합층은 '10', 두 번째 전결합층은 '1'입니다.
- WithBias: 바이어스 유무를 설정합니다. 여기서는 첫 번째와 두 번째 전결합층 모두 'True'(유)입니다.
- ParameterScope: 이 층에서 사용할 파라미터명을 설정합니다. 여기서는 첫 번째 전결합층은 'Affine', 두 번째의 전결합층은 'Affine_2'입니다.
- W.File: 사전 학습으로 얻은 가중치를 사용할 때 가중치의 값을 기록한 파일을 읽게 설정합니다. 이 가중치를 사용할 때는 아래의 W.Initializer에 의한 초기화는 무효화됩니다. 여기서는 첫 번째와 두 번째 전결합층 모두 가중치 파일을 읽지 않습니다.
- W.Initializer: 가중치의 초기화 방법을 설정합니다. −1.0∼1.0의 균등 난수로 초기화한다면 'Uniform', 균등 난수에 재비어 그롯 제안의 계수를 곱해 초기화한다면 'UniformAffineGlorot', 평균이 0.0에 분산이 1.0인 가우스 난수로 초기화한다면 'Normal', 가우스 난수에 캐이밍 히 제안의 계수를 곱해 초기화한다면 'NormalAffineHeForward'나 'NormalAffineHeBackward', 가우스 난수에 재비어 그롯 제안의 계수를 곱해 초기화한다면 'NormalAffineGlorot', 상수로 초기화한다면 'Constant'를 설정합니다. 표준으로 'NormalAffineGlorot'이 설정돼 있으며, 여기서도 첫 번째와 두 번째의 합성곱층 모두 같습니다.
- W.InitializerMultiplier: Initializer에서 생성한 값에 곱할 계수를 설정합니다. 여기서는 첫 번째와 두 번째의 합성곱층 모두 '1'(1배)입니다.
- W.LRateMultiplier: 가중치 갱신에 사용할 학습 계수의 배율을 설정합니다. 학습 계수는 CONFIG 화면에서 설정합니다. 여기서는 '1'(1배)입니다.
- b.File: 바이어스를 사용할 때 바이어스 값을 기록한 파일을 읽기 위한 설정입니다. 이 바이어스를 사용할 때는 다음 b.Initializer로 하는 초기화는 무효화됩니다. 여기서는 첫 번째와 두 번째의 합성곱층 모두 바이어스 파일을 읽지 않습니다.
- b.Initializer: 바이어스 초기화 방법을 설정합니다. −1.0∼1.0의 균등 난수로 초기화한다면 'Uniform', 균등 난수에 재비어 그롯 제안의 계수를 곱해 초기화한다면 'UniformAffineGlorot', 평균이 0.0에 분산이 1.0인 가우스 난수로 초기화한다면 'Normal', 가우스 난수에 캐이밍 히 제안의 계수를 곱해 초기화한다면 'NormalAffineHeForward'나 'NormalAffineHeBackward', 가우스 난수에 재비어 그롯 제안의 계수를 곱해 초기화한다면 'NormalAffineGlorot', 상수로 초기화한다면 'Constant'를 설정합니다. 여기서는 'Constant'입니다.

  여기서는 첫 번째와 두 번째의 합성곱층 모두 'Constant'입니다.

- b.InitializerMultiplier: Initializer에서 생성한 값에 곱할 계수를 설정합니다. 여기서는 첫 번째와 두 번째 의 합성곱층 모두 '0.0'입니다.
- b.LRateMultiplier: 바이어스 갱신에 사용할 학습 계수의 배율을 설정합니다. 학습 계수는 CONFIG 화 면에서 설정합니다. 여기서는 첫 번째와 두 번째 합성곱층 모두 '1'(1배)입니다.

'Affine'(전결합층)에서 'Affine_2'(출력층)로는 입력 크기 '10'의 데이터가 전달되고 'Affine_2'로부터는 출력 크기 '1'의 데이터가 출력됩니다. 출력값은 '0'이나 '1'입니다.

▶▶▶ Sigmoid: 층에서 사용할 활성화 함수를 설정합니다. 여기서는 시그모이드 함수입니다.

▶▶▶ BinaryCrossEntropy: 출력층에서 사용하는 오차 함수를 설정합니다. 여기서는 2개의 값 분류에 특화된 교차 엔트로피입니다.
- T.Dataset: 출력할 변수명을 설정합니다. 여기서는 'y'입니다.
- T.Generator: 데이터 세트 대신 사용할 데이터의 생성 방법을 설정합니다. 생성하지 않는다면 'None', −1.0~1.0의 균등 난수를 생성한다면 'Uniform', 평균이 0.0에 분산이 1.0인 가우스 난수를 생성한다면 'Normal', 상수를 생성한다면 'Constant'를 설정합니다. 여기서는 'None'입니다.
- T.GeneratorMultiplier: Generator에서 생성한 값에 곱할 계수를 설정합니다. 여기서는 '1.0'(1배)입니다.

출력층의 계산에는 활성화 함수로 시그모이드 함수, 오차 함수로 2개 값의 교차 엔트로피를 사용합니다.

만든 네트워크를 파악했으니 이제 학습과 평가에 사용할 데이터 세트를 선택합시다.

6.3 데이터 세트의 선택

DATASET 화면에서 학습과 평가에 사용할 데이터 세트를 선택합시다. 우선 학습 데이터를 선택합니다.

학습 데이터로 학습용 Small MNIST 데이터가 선택돼 있습니다. 'Training'의 URI(폴더 경로) 오른쪽에 있는 아이콘을 클릭합니다.

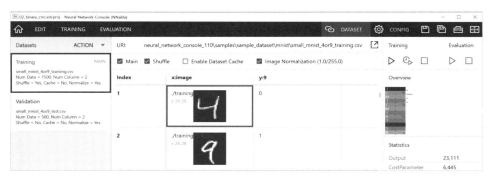

그림 6-11-a. 학습 데이터의 선택(1)

학습 데이터로 dogs_train.csv를 선택합니다.

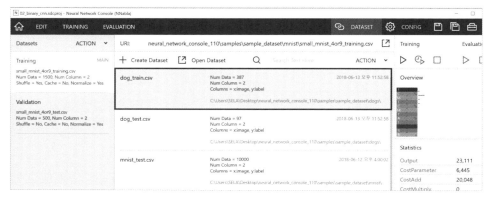

그림 6-11-b. 학습 데이터의 선택(2)

학습 데이터로 dogs_train.csv가 설정됐습니다.

그림 6-11-c. 학습 데이터의 선택(3)

같은 순서로 평가 데이터로 dogs_test.csv를 설정합시다.

URI 아래 'Main', 'Shuffle', 'Image Normalization(1.0/255.0)'은 현재 설정을 그대로 사용합니다.

그림 6-11-d. 평가 데이터의 선택

이어서 학습 조건을 설정하겠습니다.

6.4 학습 조건의 설정

CONFIG 화면에서 학습 조건을 설정합시다.

6.4.1 Global Config의 설정

'**Global Config**' 화면에서 'Max Epoch'와 'Batch Size'를 변경합니다.

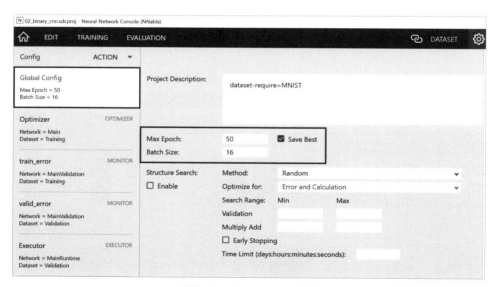

그림 6-12-a. Global Config의 설정

▶▶▶ Project Description: 자유롭게 설명을 쓸 수 있는 칸입니다.

▶▶▶ Max Epoch: 에포크 수(≒ 학습 횟수)를 설정합니다. 여기서는 '50'으로 합니다.

▶▶▶ **Save Best**: 가장 오차가 작았던 에포크(≒ 학습 횟수)로 네트워크를 보존한다면 체크하고 최종 에포크로 네트워크를 저장한다면 체크를 해제합니다. 여기서는 체크합니다.

▶▶▶ **Batch Size**: 미니 배치 학습에 사용하는 데이터 크기를 설정합니다. 여기서는 '16'으로 합니다.

▶▶▶ **Structure Search**: 네트워크 구조의 최적화에 대해 설정합니다. 여기서는 네트워크 최적화는 '없음'입니다.

6.4.2 Optimizer의 설정

'**Optimizer**' 화면에서는 설정을 변경하지 않고 그대로 사용하는데, 복습 삼아 각 항목을 다시 살펴봅시다.

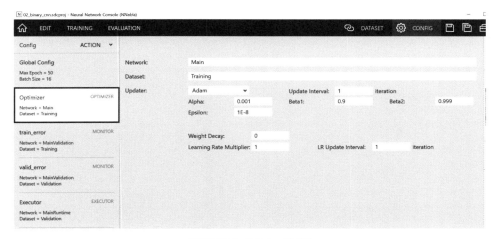

그림 6-12-b. Optimizer의 설정

▶▶▶ **Network**: 학습의 대상 네트워크명을 설정합니다. 여기서는 EDIT 화면에 표시된 네트워크 'Main'입니다!

▶▶▶ **Dataset**: 학습에 사용할 데이터 세트를 설정합니다. 여기서는 DATASET 화면에서 설정한 학습 데이터 'Training'입니다.

▶▶▶ **Updater**: 가중치의 최적화 기법을 선택하고 그것에 연관된 파라미터를 설정합니다. 여기서는 'Adam'을 선택하고 파라미터는 기본값을 그대로 사용합니다.

▶▶▶ **Update Interval**: 파라미터를 갱신하는 간격을 설정합니다. 여기서는 '1'입니다.

▶▶▶ **Weight Decay**: 가중치의 감쇠 계수를 설정합니다. 여기서는 '0'입니다.

▶▶▶ Learning Rate Multiplier: 학습 계수를 감쇠시키는 계수를 설정합니다. 여기서는 '1'입니다.

▶▶▶ LR Update Interval: 학습 계수를 감쇠시키는 간격을 미니 배치 단위로 설정합니다. 여기서는 '1'입니다.

그 밖에 'train_error', 'valid_error', 'Executor' 세 가지 설정 화면이 있는데 모든 설정을 변경하지 않고 그대로 사용합니다.

네트워크 만들기, 데이터 세트의 선택, 학습 조건 설정을 모두 완료했습니다. 이제 학습을 실행해 봅시다.

6.5 학습의 실행

CONFIG 화면의 오른쪽에 학습과 평가를 실행하는 버튼이 각각 배치돼 있습니다. 'Training' 아래의 실행 버튼(오른쪽 삼각형 아이콘)을 실행해 봅시다. 학습 실행은 EDIT 화면, TRAINING 화면, EVALUATION 화면에서도 할 수 있습니다.

여기서는 TRAINING 화면의 각 뷰를 복습합니다.

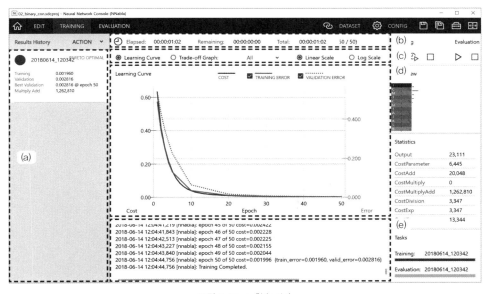

그림 6-13-a. 학습 결과

(a) 학습 결과 목록(Results History)

　　과거의 학습 결과가 목록으로 표시돼 그때그때의 결과를 확인할 수 있습니다.

(b) 학습 진행 정보

　　'Elapsed'는 학습 시작부터 현재까지의 경과 시간, 'Remaining'은 현재부터 학습 종료(예측)까지의 시간, 'Total'은 학습 시작부터 학습 종료(예측)까지의 시간, 'EPOCH'는 CONFIG 화면에서 설정한 에포크 수(≒ 학습 횟수)를 나타냅니다.

(c) 그래프 설정

'Learning Curve'를 선택하면 (d)의 그래프 모니터에 학습 곡선이 표시되고 'Trade-off Graph'를 선택하면 (d)의 그래프 모니터에 과거의 학습 결과 전체의 오차가 표시됩니다. 'Linear Scale'을 선택하면 그래프가 실축으로 표시되고 'Log Scale'을 선택하면 그래프가 로그축으로 표시됩니다. 돋보기 아이콘을 클릭하면 그래프를 축소·확대해 표시할 수 있습니다.

(d) 그래프 모니터

(c)의 그래프 설정에서 'Learning Curve'를 선택하면 학습 곡선을 표시합니다.

(e)로그

학습 횟수마다 실행 이력을 표시합니다.

(d) 그래프 모니터의 학습 곡선을 확인합시다.

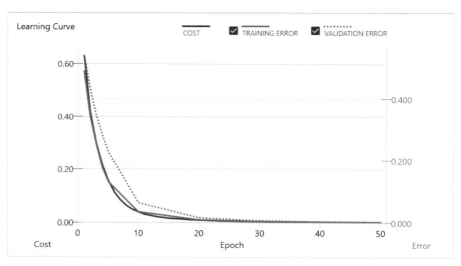

그림 6-13-b. 학습 곡선

가로축은 에포크 수(≒학습 횟수), 왼쪽의 세로축은 학습 데이터의 비용 함수의 값, 오른쪽의 세로축은 학습과 평가 데이터의 오차 함수의 값입니다. 단기의 에포크로 오차가 수렴하고 있는 것을 알 수 있습니다.

6.6 평가의 실행

TRAINING 화면의 오른쪽 끝에 평가를 실행하는 버튼이 배치돼 있습니다. 'Evaluation' 아래의 실행 버튼(오른쪽 삼각형 아이콘)을 실행해 봅시다. 평가의 실행은 EDIT 화면, CONFIG 화면, EVALUATION 화면에서도 할 수 있습니다.

여기서는 EVALUATION 화면의 각 뷰를 복습합니다.

그림 6-14-a. 평가 학습

(a) 학습 결과 목록(Results History)

과거의 학습 결과가 목록으로 표시되고 각각의 결과를 확인할 수 있습니다.

(b) 학습 진행 정보

'Elapsed'는 학습 시작부터 현재까지의 경과 시간, 'Remaining'은 현재부터 학습 종료(예측)까지의 시간, 'Total'은 학습 시작부터 학습 종료(예측)까지의 시간, 'DATA'는 현재까지 평가가 완료된 데이터 수를 나타냅니다.

(c)표시 정보 선택

'Output Result'를 선택하면 (d)의 평가 결과에 각 평가 데이터의 출력 결과가 표시됩니다. 'Confusion Matrix'를 선택하면 (d)의 평가 결과에 혼동 행렬과 모델 정밀도가 표시됩니다.

(d)평가 결과

(c)의 표시 정보 선택에서 Output Result를 선택하면 각 평가 데이터의 출력 결과를 표시합니다.

(e)로그

평가 실행 이력을 표시합니다.

(d)의 평가 결과의 출력 결과와 혼동 행렬을 확인해 봅시다.

Index	x:image	y:label	y'
1	C:\Users\...\p\neural_r c. 32, 32	1	0.99806958437
2	C:\Users\...\p\neural_r c. 32, 32	0	0.00196117698215
3	C:\Users\...\p\neural_r c. 32, 32	1	0.99307924509
4	C:\Users\...\p\neural_r c. 32, 32	1	0.998297035694

그림 6-14-b. 평가 결과

	y'=0	y'=1	Recall
y:label=0	56	0	1
y:label=1	0	41	1
Precision	1	1	
F-Measures	1	1	
Accuracy	1		
Avg.Precision	1		
Avg.Recall	1		
Avg.F-Measures	1		

그림 6-14-c. 혼동 행렬

평가 데이터에는 애초에 변수 Index, x:image, y:label에 각각 값이 저장돼 있습니다. 변수 Index에는 이미지 번호(일련번호)가 저장되고 변수 x:image에는 이미지 데이터가 저장됩니다. 변수 y:label에는 이미지가 Positive면 '0', 이미지가 Negative면 '1'의 값이 저장됩니다.

그림 6-14-b의 변수 y'에는 평가 데이터에 CNN을 사용해 학습할 모델을 적용해 얻어진 출력 결과가 저장돼 있습니다. 예를 들어 Index1의 y'는 '0.99806958437'입니다. 정답 값을 가진 y:label이 1이므로 출력값은 정답 값에 가깝다고 말할 수 있습니다. 또 Index2의 y'는 '0.00196117698215'입니다. 정답 값을 가진 y:label이 '0'이므로 출력값은 정답 값에 가깝다고 말할 수 있습니다.

이처럼 어떤 y'의 출력값도 y:label에 저장돼 있는 정답 값에 가깝습니다.

그림 6-14-c에는 혼동 행렬과 모델의 정밀도가 표시돼 있습니다. 혼동 행렬의 '56'은 데이터가 Positive 이미지이며(정답: y:label) Positive 이미지로 분류된(출력: y') 개수를 의미합니다. 56의 오른쪽 '0'은 데이터가 Positive 이미지인데 Negative 이미지로 분류된 개수를 의미합니다. 56 아래의 '0'은 데이터가 Negative인데 Positive 이미지로 분류된 개수를 의미합니다. '41'은 데이터가 Negative 이미지이고 제대로 Negative 이미지로 분류된 개수를 의미합니다.

또한 Positive 이미지에 대한 재현율(Recall)은 56 ÷ (56 + 0) = 1입니다. Negative 이미지에 대한 재현율은 41 ÷ (0 + 41) = 1입니다.

Positive 이미지에 대한 적합률(Precision)은 56 ÷ (56 + 0) = 1입니다. Negative의 이미지에 대한 적합률은 41 ÷ (0 + 41) = 1입니다.

모델의 정밀도는 모든 평가 데이터가 제대로 분류돼 있기 때문에 (56 + 0 + 0 + 41) ÷ (56 + 41) = 1입니다. 즉, 정밀도 100%로 이미지를 분류할 수 있다는 뜻입니다.

6장 정리

이 장에서는 JPEG나 PNG 등 일반적인 형식의 이미지 데이터를 사용해 딥러닝을 구현하는 방법을 설명했습니다.

먼저 NNC가 갖춘 기능을 사용하고 원본 이미지 데이터부터 구현할 수 있는 형식의 데이터 세트를 만들었습니다. 그리고 4장과 5장의 복습을 겸해 CNN을 만들고 데이터 세트를 선택, 학습 조건을 설정했습니다.

이번에는 학습과 평가에 사용한 데이터 수가 484장으로 적기 때문에 학습과 평가 각각에 걸리는 시간이 짧았고 정밀도 100%로 이미지를 분류할 수 있었습니다. 앞으로 시험할 때는 원본 이미지를 충분히 준비하세요.

1장 1.1절에서 데이터에는 구조화 데이터와 비구조화 데이터가 있다고 설명했습니다. 1장 1.2절에서 설명한 붓꽃 데이터 세트처럼 표 형식으로 표현할 수 있는 데이터가 구조화 데이터입니다. 그리고 4장에서 6장까지 다룬 이미지 데이터처럼 표 형식으로 표현할 수 없는 데이터가 비구조화 데이터입니다. 딥러닝은 비구조화 데이터로부터 특징량을 추출해 모델을 만드는 데 뛰어나지만 구조화 데이터에 대해서도 마찬가지로 할 수 있습니다. 그래서 7장에서는 구조화 데이터에 대해 구현해보려고 합니다.

Chapter

7

상급:
원본 데이터로 구현해 보자!

6장에서는 NNC로 구현할 수 있도록 원본 이미지로부터 데이터 세트를 만들어 CNN으로 학습과 평가를 수행했습니다. 저장된 이미지를 사용해 이미지 분류할 수 있게 됐습니다.

6장 끝부분에서도 설명했지만 지금까지 다룬 이미지 데이터처럼 비구조화 데이터가 아닌 구조화 데이터에 대해서도 딥러닝을 사용해 분류 문제를 풀 수 있습니다. 이 장에서는 그 방법을 설명합니다.

7.1 데이터의 전처리

7.1.1 NNC에서의 구조화 데이터의 처리

1장 1.2절에서 구조화 데이터인 붓꽃의 데이터 세트[1][2]를 사용해 결정 트리에 의한 꽃의 분류를 설명했습니다. 붓꽃 데이터 세트를 다시 확인해 봅시다.

sepal length	sepal width	petal length	petal width	class
5.1	3.5	1.4	0.2	Iris-setosa
4.9	3	1.4	0.2	Iris-setosa
4.7	3.2	1.3	0.2	Iris-setosa
4.6	3.1	1.5	0.2	Iris-setosa
5	3.6	1.4	0.2	Iris-setosa
5.4	3.9	1.7	0.4	Iris-setosa
4.6	3.4	1.4	0.3	Iris-setosa
5	3.4	1.5	0.2	Iris-setosa
4.4	2.9	1.4	0.2	Iris-setosa
4.9	3.1	1.5	0.1	Iris-setosa

그림 7-1. 구조화 데이터의 예

설명 변수는 sepal length(꽃받침 길이), sepal width(꽃받침 너비), petal length(꽃잎의 길이), petal width(꽃잎의 너비)입니다. 목적 변수는 class(붓꽃의 꽃의 종류)입니다. 이처럼 구조화 데이터는 표 형식으로 표현할 수 있습니다.

NNC에서 다루는 입력 데이터의 형식을 떠올려보세요. 4장에서 '학습에 이미지 데이터를 사용할 때는 이미지 데이터의 저장 경로와 정답 값을 가진 CSV 데이터와 경로에 대응한 이미지 데이터라는 두 종류의 데이터가 필요하다'고 설명했습니다.

즉, 붓꽃의 데이터 세트 같은 구조화 데이터를 처리할 때도 그림 7-2-a에 나타낸 데이터 세트 형식으로 변환하면 좋습니다.

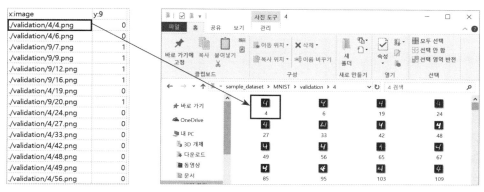

그림 7-2-a. NNC 데이터 세트 형식(비구조화 데이터)

그림 7-2-b의 왼쪽은 4개의 설명 변수 sepal length, sepal width, petal length, petal width 값을 저장한 파일의 경로와 목적 변수 class의 정답 값을 가진 CSV 데이터입니다. 그림 7-2-b의 오른쪽은 파일의 경로에 대응한 4개의 설명 변수 값입니다(원래 값을 10으로 나누는데, 이에 대해서는 뒤에서 설명합니다).

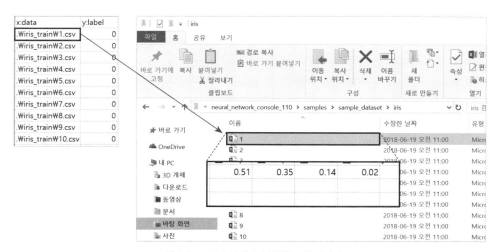

그림 7-2-b. NNC의 데이터 형식(구조화 데이터)

그림 7-1의 데이터를 1행씩 CSV 파일로 출력합시다[3].

이러한 처리는 보통 프로그래밍에 의해 실행될 때가 많지만 이 책에서는 프로그래밍 없이 GUI 소프트웨어를 사용해 실행합니다.

7.1.2 데이터 분석 소프트웨어 – 래피드마이너

래피드마이너(RapidMiner)는 래피드마이너사가 개발·판매하는 GUI 데이터 분석 소프트웨어입니다[3]. 프로그래밍 없이 데이터의 전처리, 머신러닝 기법(일부, 딥러닝도 포함)의 적용, 학습, 평가를 어느 정도 할 수 있습니다.

래피드마이너는 다음과 같은 특징이 있습니다.

▶▶▶ 드래그 앤드 드롭 조작으로 분석 프로세스 만들기

데이터 읽어 들이기, 데이터 분할이나 결손 값 보완 등의 전처리, k-근접법, 결정 트리 등의 기법 적용, 학습 및 평가 기능이 각각 블록으로 표현돼 있습니다. 이들을 드래그 앤드 드롭해 배치하고 선으로 연결해 간단하게 분석 프로젝트를 만들 수 있습니다. Python이나 R 언어 등을 사용한 프로그래밍 구현과 비교하면 구현하기가 쉽고 시간도 적게 걸립니다.

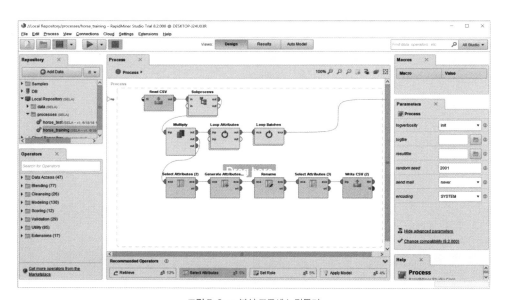

그림 7-3-a. 분석 프로세스 만들기

---

3 구조화 데이터를 1행씩 CSV 파일로 저장할 수도 있지만 한꺼번에 CSV 파일로 저장할 수도 있습니다. 자세한 것은 다음 폴더의 샘플 데이터를 확인하세요.
C:₩Users₩(user_name)₩Desktop₩neural_network_console_110₩samples₩sample_dataset₩iris_flower_dataset

▶▶▶ 버튼 하나로 학습과 평가를 실행

한 번의 버튼 클릭만으로 만들어진 프로세스를 실행하고 학습과 평가를 시작합니다. 학습 결과와 만든 모델을 확인할 수 있습니다. 또한 평가 결과와 모델의 정밀도, 혼동 행렬을 확인할 수 있습니다. 아울러 예측한 결과를 확인할 수도 있습니다. 이러한 기능을 통해 만든 모델과 학습에 대해 깊게 이해할 수 있습니다.

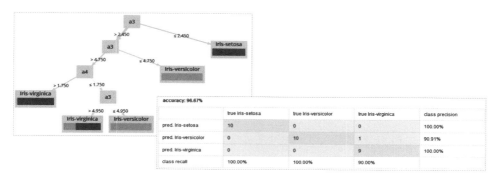

그림 7-3-b. 만든 모델과 평가 결과의 확인

▶▶▶ 다양한 가시화 툴로 데이터를 이해

산포도를 비롯해 30가지가 넘는 가시화 도구를 갖추고 있어 데이터를 여러 가지 형태로 표현할 수 있습니다. 또 데이터의 기본적인 통계량(최댓값, 최솟값 평균값 등)이 자동으로 계산되기 때문에 데이터의 대략적인 내용을 파악하는 데 도움이 됩니다. 이러한 기능을 활용해 분석 결과를 효과적으로 보여줄 수 있습니다.

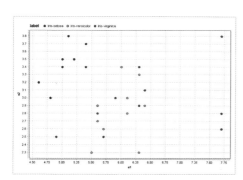 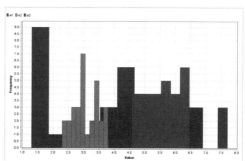

그림 7-3-c. 산포도(왼쪽)와 히스토그램(오른쪽)을 사용해 가시화한 데이터

래피드마이너는 리서치 사업을 하는 가트너사의 데이터 분석 플랫폼 조사에서 '실행력 있고 비전이 명확한 소프트웨어'라는 평가를 얻고 있습니다[4].

이렇게 유용하고 좋은 평가를 받은 툴인 래피드마이너를 사용해 데이터를 전처리합니다. 래피드마이너에는 용도에 따라 여러 개의 제품이 있습니다. 개인 분석용으로 제공되는(데스크톱

버전) 래피드마이너 스튜디오(RapidMiner Studio), 여러 사람의 분석용으로 제공되는(서버 버전) 래피드마이너 서버(RapidMiner Server), 대규모 데이터 분석에 특화된 래피드마이너 라둡(RapidMiner Radoop) 등으로 각각 무료판과 유료판이 있습니다.

이 책에서는 래피드마이너 스튜디오의 무료판을 사용합니다. 그럼 먼저 래피드마이너를 설치해 봅시다.

7.1.3 래피드마이너의 설치와 실행

래피드마이너 공식 사이트[3]의 상단 페이지 오른쪽 위의 'DOWNLOAD'를 클릭합니다.

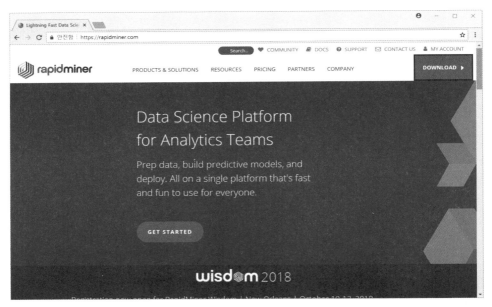

그림 7-4-a. 인스톨러 내려받기

내려받기 페이지[5]에서 윈도우용 인스톨러를 내려받습니다.

'Windows 64bit'를 클릭하고 인스톨러를 임의의 위치에 저장합니다. 여기서는 다운로드 폴더에 저장합니다.

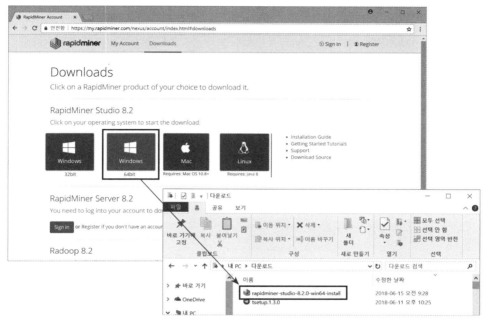

그림 7-4-b. 인스톨러 내려받기

계속해서 래피드마이너를 사용하기 위해 사용자 등록을 합니다.

내려받기 페이지 오른쪽 위의 'Register'를 클릭합니다. 그리고 사용자 등록 화면에서 필요한 정보를 입력하고 그 화면 아래의 'Register'를 클릭합니다.

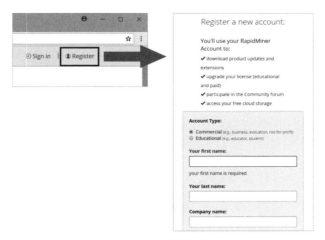

그림 7-5-a. 사용자 등록

사용자 등록 화면에서 입력한 메일 주소에 그림 7-5-b에 있는 내용의 메일이 도착합니다. 'confirm your email address'를 클릭하면 등록이 완료됩니다.

앞에서 내려받은 인스톨러를 실행합니다.

그림 7-5-b. 사용자 등록

인스톨러를 실행하면 먼저 그림 7-6-a 왼쪽 화면이 표시됩니다. 'Next>'를 클릭합니다. 그림 7-6-a 오른쪽 화면과 같이 라이선스 동의 여부를 물으면 'I Agree'를 클릭합니다.

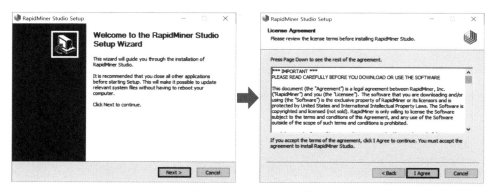

그림 7-6-a. 래피드마이너 설치(1)

그림 7-6-b 왼쪽 화면에서 래피드마이너를 설치할 폴더를 설정합니다. 설정 그대로 'Install'을 클릭합니다. 그러면 그림 7-6-b와 같이 설치가 시작됩니다.

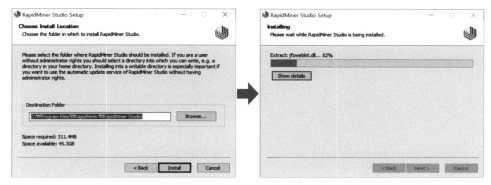

그림 7-6-b. 래피드마이너 설치(2)

그림 7-6-c 왼쪽 화면에서 설치를 완료했으면 'Next>'를 클릭합시다. 마지막으로 그림 7-6-c 오른쪽 화면에서 'Finish'를 클릭하면 래피드마이너가 실행됩니다. 설치 완료와 동시에 데스크톱에 작은 래피드마이너 아이콘이 생성됩니다.

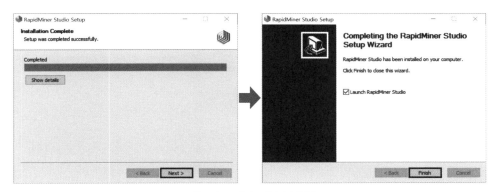

그림 7-6-c. 래피드마이너 설치(3)

래피드마이너가 실행되면 우선 라이선스에 동의할지를 묻습니다. 그림 7-7-a 오른쪽 화면에서 라이선스를 확인한 후 체크하고 'I Accept'를 클릭합니다.

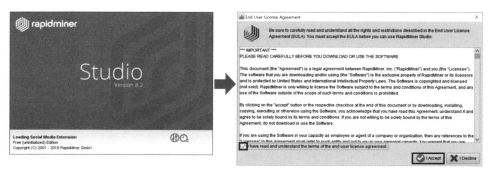

그림 7-7-a. 래피드마이너 실행(1)

'I already have an account or license key'를 클릭합니다.

그림 7-7-b. 래피드마이너 실행(2)

그림 7-7-c 왼쪽 화면에서 앞에서 등록한 메일 주소와 비밀번호를 입력하고, 'Login and Install'을 클릭합니다. 그리고 그림 7-7-c 오른쪽 화면에서 'I'm ready!'를 클릭합니다[4].

---

4   PC가 프록시 환경에 있다면 그림 7-7-c에서 Manually enter a license key를 클릭하고 라이선스 키를 입력합니다. 라이선스 키는 래피드마이너 공식 사이트의 사용자 화면(My Account)에 로그인(Sign in)해 확인합니다. 로그인 ID와 비밀번호는 그림 7-5-a에서 등록한 내용입니다.

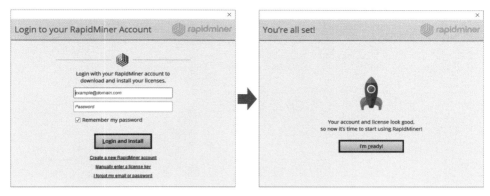

그림 7-7-c. 래피드마이너 실행(3)

'Tutorials' 탭의 오른쪽에 있는 '×'를 클릭합니다.

그림 7-7-d. 래피드마이너 실행(4)

이로써 래피드마이너를 사용할 준비를 갖추었습니다. 앞으로 데스크톱의 래피드마이너
아이콘으로 실행할 때도 이 화면이 표시됩니다.

그림 7-7-e. 래피드마이너 실행(5)

7.1.4 래피드마이너의 화면 구성

래피드마이너는 데이터 분석에 도움이 되는 많은 기능을 갖추고 있는데, 이 책에서는 구현에 필요한 것만 최소한으로 설명합니다. 더욱 자세히 알고 싶다면 래피드마이너사가 공개하는 문서를 확인하세요[6].

래피드마이너를 실행하면 우선 **Design(디자인) 화면**을 표시합니다. Design 화면에서 분석 프로세스를 만듭니다. **Results(결과) 화면**에는 만든 프로세스를 실행한 결과가 표시됩니다. Results 화면에 대해서는 나중에 설명합니다. 이 두 개의 화면은 탭으로 바꿀 수 있습니다.

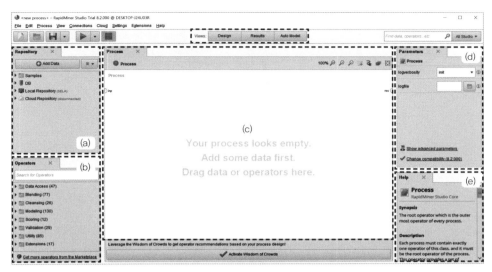

그림 7-8. 래피드마이너의 화면 구성

Design 화면에는 초기 단계에 Repository 뷰, Operators 뷰, Process 뷰, Parameters 뷰, Help 뷰의 5개의 뷰가 표시됩니다. 각 뷰의 역할은 다음과 같습니다.

(a) Repository(레포지터리) 뷰

분석에 사용하는 데이터와 만든 프로세스를 저장합니다.

(b) Operators(오퍼레이터) 뷰

데이터 읽어 들이기, 전처리, 머신러닝 기법 등의 기능이 오퍼레이터로 저장돼 있습니다.

(c) Process(프로세스) 뷰

분석 프로세스를 만듭니다.

(d) Parameters(파라미터) 뷰

각 오퍼레이터의 파라미터를 설정합니다.

(e) Help(헬프) 뷰

각 오퍼레이터의 도움말을 확인합니다.

그 밖에도 다양한 뷰가 있으며 필요한 것을 추가할 수 있습니다. 여기서는 다음 구현에서 사용할 **Macros(매크로) 뷰**를 추가합니다.

화면 위의 '**View**'를 클릭하고 'Show Panel' → 'Macros' 순으로 클릭합니다.

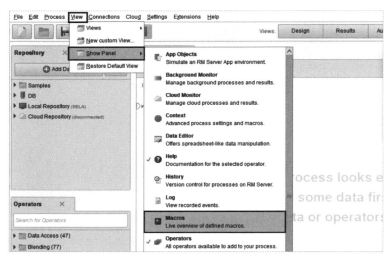

그림 7-9-a. Macros 뷰 추가

추가한 Macros 뷰를 마우스로 움직여 Parameters 뷰 옆에 배치합시다. Macros 뷰의 역할은 나중에 실제로 사용할 때 설명합니다. 그 밖에도 필요한 뷰가 있으면 추가하면 됩니다.

Process 뷰의 아래에 있는 **'Active Wisdom of Crowds'**를 확인해 봅니다. 이것은 전 세계 래피드마이너 사용자가 분석 프로세스에서 어떤 오퍼레이터를 사용하고 있는지, 그 오퍼레이터 다음에 어떤 오퍼레이터를 연결하고 있는지 등의 정보를 제공합니다. 있으면 편리하니 클릭해서 활성화합시다.

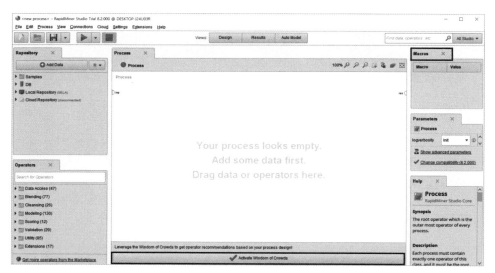

그림 7-9-b. Macros 뷰의 배치

'Active Recommendations!'를 클릭하면 Process 뷰 아래에 **Recommended Operators(추천 오퍼레이터)** 뷰가 표시됩니다. 이 기능을 사용하려면 네트워크에 접속돼 있어야 합니다.

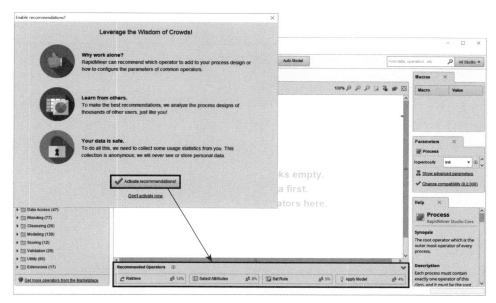

그림 7-10. Active Wisdom of Crowds의 활성화

화면 위의 메뉴 바와 뷰 사이에 버튼이 나란히 있습니다. 각 버튼의 역할은 다음과 같습니다.

그림 7-11. 각 버튼의 역할

(a) **새로 만들기**: 프로세스를 새롭게 만듭니다.

(b) **열기**: 이전에 만든 프로세스를 엽니다.

(c) **저장**: 만든 프로세스를 덮어씁니다. 아이콘 오른쪽의 아래 방향 삼각형을 클릭하면 다른 이름으로 저장('Save Process as...')할 수 있습니다.

(d) **돌아가기**: 만들고 있는 프로세스를 1개 이전 상태로 이동합니다.

(e) **진행하기**: 만들고 있는 프로세스를 1개 다음 상태로 이동합니다.

(f) **실행**: 만든 프로세스를 실행합니다.

(g) **정지**: 실행 중인 프로세스를 정지합니다.

이상의 기능을 이용해 래피드마이너를 조작해 데이터 전처리를 해 봅시다.

7.1.5 구현에 사용할 데이터 세트

이 장 맨 앞에서 붓꽃의 데이터 세트를 이용해 만든 NNC에 입력할 수 있는 형식의 데이터 세트를 설명했습니다. 붓꽃의 꽃 데이터 세트를 사용해 구현해도 좋지만, 래피드마이너를 익히기 위해 여기서는 다른 데이터 집합을 사용하겠습니다.

AI를 의료 현장에 활용하려는 시도에 대해 들어본 적이 있나요?

예를 들어 IBM사의 AI와 왓슨(Watson)의 사례는 유명합니다. 여기서는 말의 병 진단 데이터를 사용하겠습니다.

데이터 세트 내려받기

UCI Machine Learning Repository 사이트의 Horse Colic Data Set 페이지를 열어 데이터 세트를 내려받습니다[1][7]. UCI Machine Learning Repository는 머신러닝 공부용으로 데이터 세트를 제공하는 사이트입니다. 그리고 Horse Colic Data Set는 말이 걸리는 병의 일종인 급경련통에 의한 생사 판정 데이터 세트입니다.

'Data Folder'를 클릭해 데이터 세트를 내려받습니다[5].

---

5   (옮긴이) 파일을 내려받을 때 인터넷 익스플로러를 이용하세요. 크롬에서는 조작 방법이 다를 수 있습니다.

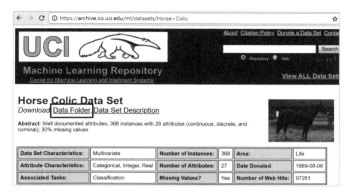

그림 7-12-a. Horse Colic Data Set[1][7]

5개의 데이터를 임의의 위치에 저장합니다. 파일명에서 마우스 오른쪽 버튼을 클릭하고 '대상을 다른 이름으로 저장(A)'을 클릭해 저장할 수 있습니다. 이 책에서는 이러한 데이터를 다운로드 폴더 아래 horse 폴더에 저장합니다.

그림 7-12-b. 데이터 세트 내려받기

구현에 필요한 데이터는 학습용인 horse-colic.data(300레코드)와 평가용인 horse-colic.test(68레코드) 파일입니다.

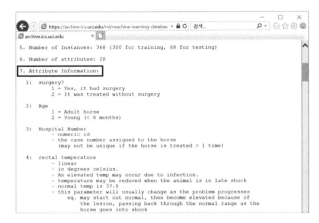

그림 7-13-a. horse-colic.data   그림 7-13-b. horse-colic.test

두 가지 데이터에는 항목명(변수명)이 없습니다. 변수명은 horse-colic.names 파일에 기록돼 있습니다.

그림 7-13-c. 데이터 세트의 변수명

전부 28개의 변수가 있는데 구현에는 다음처럼 변수 9개를 사용합니다.

- 3 Hospital Number: 병에 따라 할당된 병원의 ID. 수치 데이터

- 4 rectal temperature: 직장(直腸) 온도. 수치 데이터

- 5 pulse: 맥박. 수치 데이터

- 6 respiratory rate: 호흡수. 수치 데이터

- 16 nasogastric reflux PH: 코를 통한 위 역류의 PH도(度). 수치 데이터

- 19 packed cell volume: 혈중 적혈구 용적. 수치 데이터

- 20 total protein: 단백질. 수치 데이터

- 22 abdominocentesis total protein: 복강천자(腹腔穿刺; 치료의 목적으로 복강에 주사로 체액을 빼는 것)의 단백질. 수치 데이터

- 23 outcome: 결과. 1(생존), 2(사망), 3(안락사)의 3개의 값 데이터

이 가운데 설명 변수를 변수 4~22, 목적 변수를 변수 23으로 합니다.

7.1.6 래피드마이너를 사용한 데이터의 전처리 – 기본적인 성형

데이터에 대해 이해했으니 이제 래피드마이너를 사용해 전처리를 시작합시다. 먼저 학습 데이터 세트를 가공합니다.

새로운 프로세스를 만들어 데이터를 읽기 위한 오퍼레이터를 배치합니다.

여기서는 **Read CSV** 오퍼레이터를 사용합니다. 이 오퍼레이터는 CSV 파일을 읽을 때 사용하지만 설정에 따라 다른 형식의 데이터도 읽을 수 있습니다.

Operators 뷰의 Data Access에서 찾아도 되지만, 이번에는 검색 상자를 이용하겠습니다. 검색 상자에 read c와 오퍼레이터명의 맨 앞 숫자를 입력하면 Read CSV 오퍼레이터가 표시됩니다.

마우스로 드래그 앤드 드롭해 Read CSV 오퍼레이터를 Process 뷰에 배치합니다. 그리고 배치한 오퍼레이터 오른쪽의 반원 아이콘 'out'을 클릭하고 Process 뷰 오른쪽의 'res'로 향하는 선을 연결합니다. 'out'은 출력 포트, 'res'는 Results 화면으로의 출력 포트입니다.

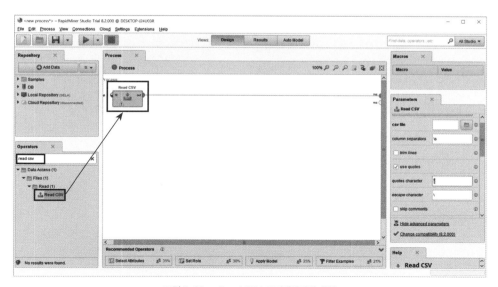

그림 7-14-a. Read CSV 오퍼레이터의 배치

이로써 CSV 데이터를 읽어 들이는 바깥쪽을 설정했습니다. 다음은 데이터를 읽어 들이고 가공하는 안쪽을 설정합니다. Parameters 뷰를 확인합시다.

Parameters 뷰에 'Show advanced parameters'로 표시돼 있다면 해당 부분을 클릭해서 'Hide advanced parameters'라고 표시되게 합니다. 이렇게 조작하면 오퍼레이터에서 설정할 수 있는 파라미터 항목이 늘어납니다.

Parameters 뷰 위쪽에 있는 'Import Configuration Wizard...'를 클릭해 계속 설정을 진행합시다.

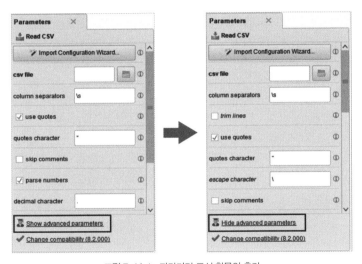

그림 7-14-b. 파라미터 표시 항목의 추가

읽을 파일을 지정합니다. 파일의 종류로 'All Files'를 선택하고(그림 7-14-c의 (1)) 표시된 데이터 목록에서 horse-colic.data를 선택한 후(그림 7-14-c의 (2)), 'Next'를 클릭합니다.

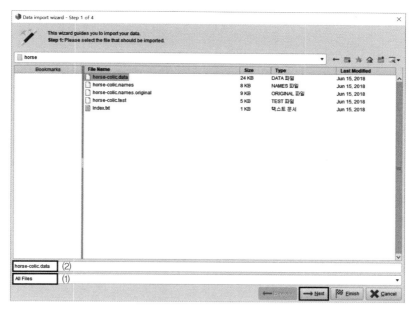

그림 7-14-c. 읽을 파일 지정

데이터의 단락 문자를 지정합니다. Column Separation에서 '**Space**'를 선택하고 'Next'를 클릭합니다.

그림 7-14-d. 데이터 단락 문자의 지정

1행의 데이터를 변수명으로 간주하지 않게 설정합니다. 1행의 Annotation을 **공란**('–'으로
표시)으로 하고 'Next'를 클릭합니다.

그림 7-14-e. 읽을 파일의 지정

읽을 변수를 체크하고 데이터의 형식을 지정합니다. 읽을 변수와 데이터의 형은 다음과
같습니다.

- att3(Hospital Number): integer(정수)

- att4(rectal temperature): real(소수)

- att5(pulse): real(소수)

- att6(respiratory rate): real(소수)

- att16(nasogastric reflux PH): real(소수)

- att19(packed cell volume): real(소수)

- att20(total protein): real(소수)

- att22(abdominocentesis total protein): real(소수)

- att23(outcome): polynomial(다항)

설정했으면 'Finish'를 클릭합니다. 이것으로 읽을 데이터의 내용을 설정했습니다. Design
화면 윗부분의 실행 버튼을 클릭해 데이터를 읽어 들입니다.

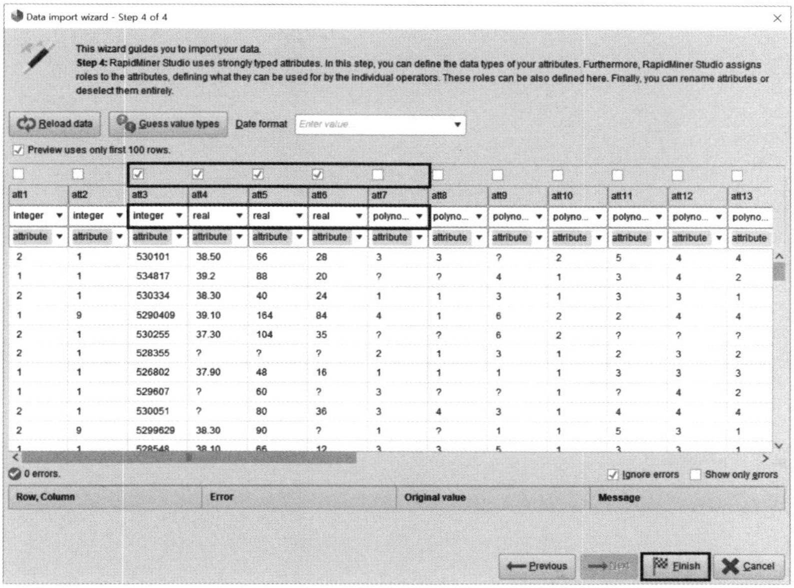

그림 7-14-f. 데이터 단락 문자의 지정

분석 프로세스를 실행하면 자동으로 Results 화면으로 바뀌고 **Data(데이터) 뷰**가
표시됩니다. 전체 300행, 변수 9를 가진 데이터를 읽습니다. ?로 표시된 부분은 결손
값입니다. 이는 다음에 처리합시다.

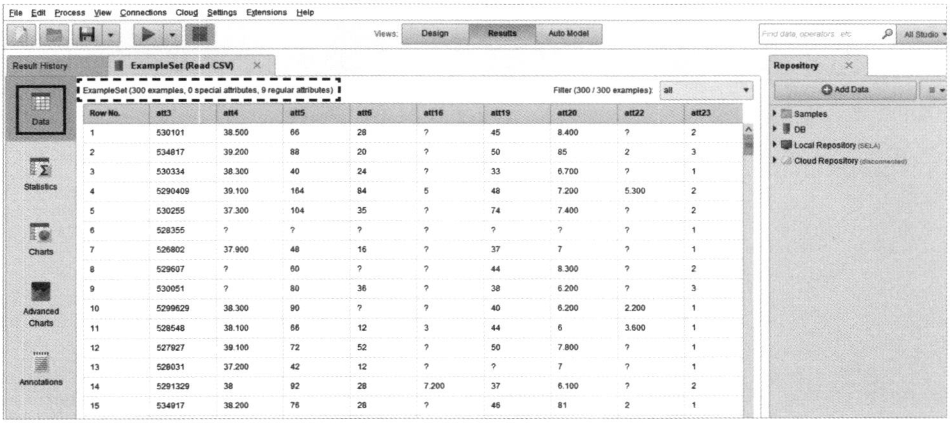

그림 7-14-g. 읽어 들인 데이터 목록

Statistics(통계) 뷰를 클릭하면 각 변수의 변수명, 결손 값의 개수, 데이터형, 최솟값, 최댓값, 평균값이 표시됩니다. 각 변수를 클릭하면 데이터의 히스토그램과 표준 편차가 표시됩니다. 앞으로 전처리를 하는 데 있어 이러한 통계량은 중요한 의미를 가집니다. 또한 히스토그램 아래에 있는 Open chart를 클릭하면 **Charts(차트) 뷰**로 바뀝니다.

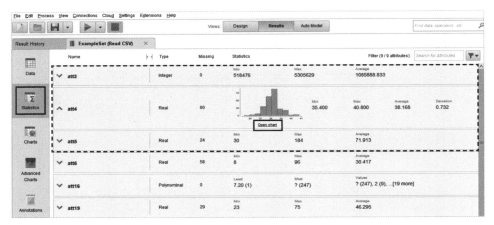

그림 7-14-h. 읽어 들인 데이터의 기초 통계량

Statistics 뷰에 표시된 히스토그램을 확대해 표시할 수 있습니다. Charts 뷰 왼쪽 윗부분의 'Chart style'에서 산포도 등 다른 가시화 방법을 선택할 수도 있습니다. 분석 프로세스를 만드는 과정에서 Results 화면을 그때그때 확인하는 것은 중요합니다. 이러한 정보를 잘 활용합시다.

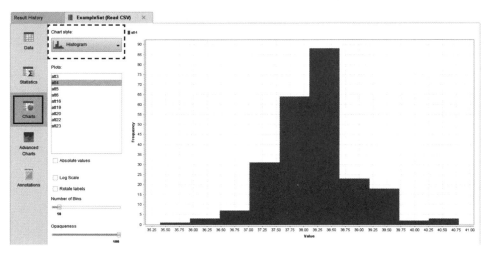

그림 7-14-i. 읽어 들인 데이터의 히스토그램

계속해서 앞에서 찾은 결손 값을 포함한 여러 개의 전처리를 빠르게 구현합니다. Operators
뷰에서 **Replace** 오퍼레이터를 찾아 Read CSV 오퍼레이터의 오른쪽 옆에 3개 배치합시다.
이 오퍼레이터를 사용해 문자열을 치환합니다.

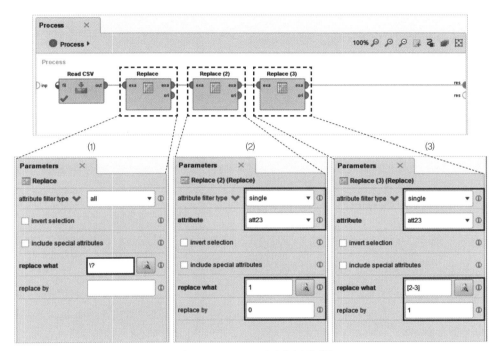

그림 7-15-a. Replace 오퍼레이터의 배치

(1) 첫 번째 Replace 오퍼레이터

이 오퍼레이터는 '?' 문자를 공백으로 바꾸기 위해 사용합니다. Parameters 뷰의 'attribute
filter type'은 'all'을 선택하고 전체 변수 값을 치환 대상으로 합니다. 'replace
what'(무엇을 치환할까?)에 '\?'를 입력하고 'replace by'(무엇으로 치환할까?)는 공백으로
둡니다. 'replace what'에는 정규 표현을 사용할 수 있습니다.

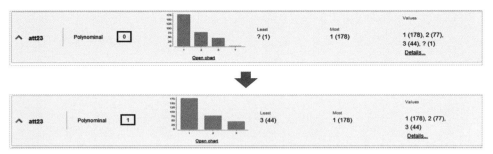

그림 7-15-b. 첫 번째 Replace 오퍼레이터의 실행 전과 실행 후

Statistics 뷰에서 첫 번째 Replace 오퍼레이터 실행 전후의 결과를 비교해 봅시다. 실행 전 '?'는 결손 값인데 문자열로 처리됐습니다. 하지만 실행 후에는 결손 값으로 처리돼 결손 값의 개수가 '0'에서 '1'로 바뀝니다.

(2) (3) 두 번째와 세 번째 Replace 오퍼레이터

이러한 오퍼레이터는 목적 변수 att23(outcome)가 취하는 값의 종류를 3가지에서 2가지로 변경하기 위해 사용합니다. 양쪽 오퍼레이터의 'attribute filter type'은 'single'을 선택하고, 'attribute'는 변수 'att23'을 선택합니다. 한 개의 변수 att23의 값만 치환 대상으로 합니다. 그리고 두 번째 오퍼레이터에서는 'replace what'에 '1'을 입력하고, 'replace by'에 '0'을 입력합니다. 세 번째 오퍼레이터에서는 'replace what'에 '[2-3]'을 입력하고, 'replace by'에 '1'을 입력합니다. att23은 값이 '1'일 때는 생존, '2'일 때는 사망, '3'일 때는 안락사인 3가지 값을 취합니다. 이 장에서는 말의 생사 판정을 위해 학습을 하는 것이므로 값을 3가지에서 2가지로 변경합니다. 그래서 att23의 값이 '1'일 때를 생존이라는 의미로 '0'으로 치환하고, att23의 값이 '2'와 '3'일 때를 사망이라는 의미로 '1'로 치환했습니다.

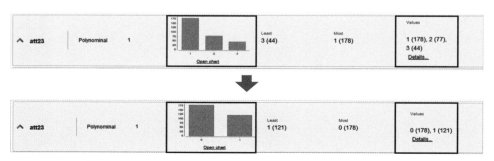

그림 7-15-c. 첫 번째 Replace 오퍼레이터 실행 후와 세 번째 Replace 오퍼레이터 실행 후

Statistics 뷰에서 첫 번째 Replace 오퍼레이터 실행 후와 세 번째 Replace 오퍼레이터 실행 후의 결과를 비교해 봅시다. att23은 첫 번째 실행 후에는 값이 3개인데 세 번째 실행 후에는 2개로 변경됐습니다.

계속해서 전처리를 구현해 봅시다. Operators 뷰에서 **Filter Examples** 오퍼레이터, **Set Role** 오퍼레이터, **Replace Missing Values** 오퍼레이터를 찾아(검색해) 앞에서 배치한 오퍼레이터 아래에 각각 차례로 3개를 배치하고 그림 7-16-a처럼 선을 연결합니다.

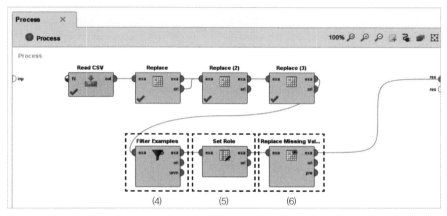

그림 7-16-a. 오퍼레이터 3개 배치

Filter Examples 오퍼레이터는 데이터를 선택하는 조건(필터)을 만들고 그 조건을 만족하는 데이터를 선택합니다. Set Role 오퍼레이터는 변수에 분석 역할을 부여합니다. Replace Missing Values 오퍼레이터는 빈 값 데이터를 처리합니다.

(4) Filter Examples 오퍼레이터

이 오퍼레이터는 목적 변수인 att23이 비어 있는 데이터 행을 제외하기 위해 사용합니다. Parameters 뷰의 '**filter**'에서 '**Add Filters...**'를 선택하고 필터 조건을 입력합니다. Create Filters 화면에서 변수로 '**att23**'을 선택하고 조건으로 '**is not missing**'을 선택하고 '**OK**'를 클릭합니다. 이렇게 하면 변수 att23이 비어 있지 않은 데이터를 선택할 수 있습니다. 바꿔 말하면 비어 있는 데이터를 제외할 수 있습니다.

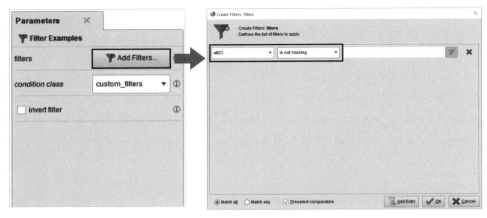

그림 7-16-b. Filter Examples 오퍼레이터의 설정

---

(5) Set Role 오퍼레이터

이 오퍼레이터는 변수 att3에 ID의 역할, 변수 att23에 목적 변수의 역할을 부여하기 위해 사용합니다. Parameters 뷰의 'attribute name'에서 'att3'을 선택하고 'target role'에서 'id'를 선택합니다. 이 화면에서는 하나의 변수 밖에 설정할 수 없습니다. 'set additional roles'에서 'Edit List'를 클릭하고, 그 화면(Edit Parameter List 화면)에서도 다시 하나의 변수를 설정합니다. Edit Parameter List 화면에서는 'attribute name'에서 'att23'을 선택하고, 'target role'에서 'label'을 선택합니다. 설정을 완료했으면 'Apply'를 클릭합니다.

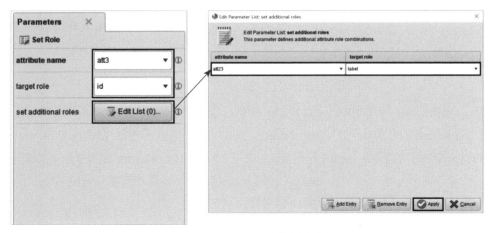

그림 7-16-c. Set Role 오퍼레이터의 설정

(6) Replace Missing Values 오퍼레이터

이 오퍼레이터는 변수 여러 개의 빈 값을 처리하기 위해 사용합니다. Parameters 뷰의 'attribute filter type'에서 'subset'을 선택하고, 'attributes'에서 'Select Attributes'를 클릭합니다. 그리고 Select Attributes 화면에서 왼쪽 영역의 변수 att3과 변수 att23을 남기고 나머지 변수는 오른쪽 영역으로 이동합니다. 이동했으면 'Apply'를 클릭합니다. 원래의 Parameters 뷰로 돌아왔으면 'default'에서 'average'가 선택된 것을 확인합니다. 이렇게 하면 변수 att3과 변수 att23을 제외한 모든 변수의 빈 값을 평균값으로 보완할 수 있습니다.

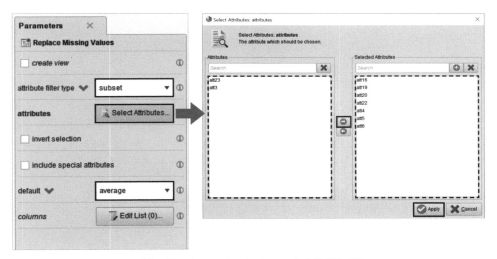

그림 7-16-d. Replace Missing Values 오퍼레이터의 설정

세 번째 Replace 오퍼레이터의 실행 결과와 전체 오퍼레이터를 실행해서 결과를 비교해 방금 배치한 오퍼레이터의 기능을 확인해 봅시다.

세 번째 Replace 오퍼레이터에서 마우스 오른쪽 버튼을 클릭한 후 'Breakpoint After'를 클릭합니다. 이렇게 하면 오퍼레이터 실행 후에 프로세스를 일시 정지하고 실행 결과를 확인할 수 있습니다.

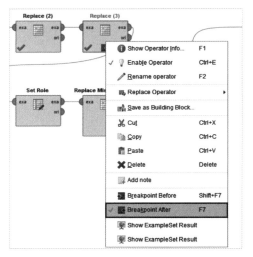

그림 7-17. 브레이크 포인트(처리 후) 설정

세 번째의 Replace 오퍼레이터 실행 결과, Data 뷰에 데이터가 300행이며 9개의 변수가 있음을 알 수 있습니다. Statistics 뷰에서는 변수에 빈 값이 있음을 알 수 있습니다.

ExampleSet (300 examples, 0 special attributes, 9 regular attributes)				
Row No.	att23	att3	att4	att5
1	1	530101	38.500	66
2	1	534817	39.200	88
3	0	530334	38.300	40
4	1	5290409	39.100	164

Name		Type	Missing
∨ att23		Polynominal	1
∨ att3		Integer	0
∨ att4		Real	60

그림 7-18-a. 세 번째 Replace 오퍼레이터 실행 후의 Data 뷰(위)와 Statistics 뷰(아래)

한편 모든 오퍼레이터의 실행 결과는 Data 뷰에서는 데이터가 299행이며 id(ID) 역할을
하는 변수 att3, Label(목적 변수) 역할을 하는 변수 att23, 그리고 기타 변수 7개가 있는 것을
알 수 있습니다. Statistics 뷰에서는 모든 변수에 빈 값이 없는 것을 알 수 있습니다.

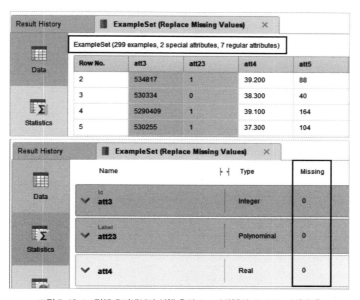

그림 7-18-b. 전체 오퍼레이터 실행 후의 Data 뷰(위)와 Statistics 뷰(아래)

Subprocess 오퍼레이터

화면에 오퍼레이터가 많아졌으니 조금 더 깔끔하게 정리해 봅시다. Operators 뷰에서
Subprocess 오퍼레이터를 배치합니다.

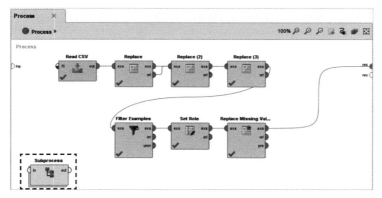

그림 7-19-a. Subprocess 오퍼레이터의 배치

Subprocess 오퍼레이터는 여러 개의 오퍼레이터를 정리하는 역할을 합니다. 오퍼레이터 오른쪽 아래에 계층 구조를 가진 아이콘이 있습니다. 이것은 오퍼레이터 안에 오퍼레이터를 배치할 수 있음을 나타냅니다.

지금까지 배치한 오퍼레이터 (1)~(6)을 한꺼번에 선택한 뒤, 아무 오퍼레이터 위에서나 마우스 오른쪽을 클릭하고 'Cut'을 클릭합니다.

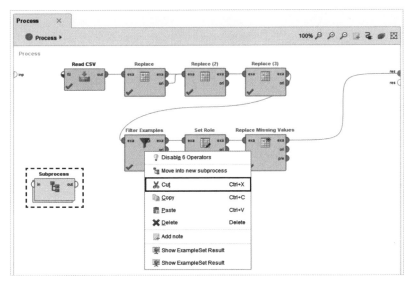

그림 7-19-b. 오퍼레이터의 선택

Subprocess 오퍼레이터를 더블 클릭하면 새롭게 Process 뷰가 열립니다. 그 화면 위에서 마우스 오른쪽 버튼을 클릭하고 'Paste'를 클릭합니다. 그러면 앞에서 잘라내기(Cut)한 오퍼레이터가 붙여넣기 됩니다. 그림 7-19-c와 같이 선으로 연결하고 파란색 문자로 표시된 Process를 클릭해 원래 Process 뷰로 돌아갑니다.

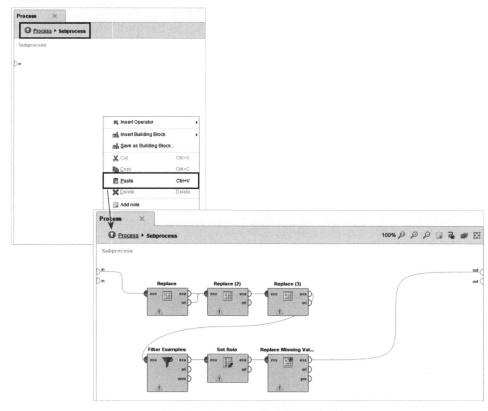

그림 7-19-c. Subprocess 오퍼레이터 안에 배치

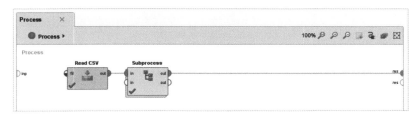

그림 7-19-d. Subprocess 오퍼레이터 설정 완료

7.1.7 래피드마이너를 사용한 데이터의 전처리 – NNC 입력 형식으로 변환(학습 데이터)

지금까지 처리한 데이터 세트로 NNC에 입력할 수 있는 형식의 데이터 세트를 만듭니다.

구체적으로는 설명 변수의 값이 저장된 CSV 데이터와 그 CSV 데이터를 저장한 폴더 경로와 정답 값을 가진 CSV 데이터의 두 종류 데이터를 만듭니다.

우선 설명 변수 값이 저장된 CSV 데이터를 만듭니다. Operators 뷰에서 **Multiply** 오퍼레이터, **Loop Attributes** 오퍼레이터, **Loop Batches** 오퍼레이터를 찾아 Subprocess 오퍼레이터와 연속되게 3개 배치합시다.

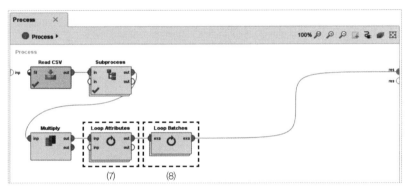

그림 7-20-a. 오퍼레이터 3개 배치

Multiply 오퍼레이터는 처리를 분기시킬 수 있습니다. Loop Attributes 오퍼레이터는 변수에 대해 반복 처리를 합니다. Loop Batches 오퍼레이터는 데이터 세트로부터 배치를 만들어 그 배치마다 처리합니다.

▌(7) Loop Attributes 오퍼레이터

이 오퍼레이터는 각 설명 변수의 값을 −1부터 1사이로 얻기 위한 계산에 사용합니다. Parameters 뷰의 '**attribute filter type**'에서 '**subset**'을 선택하고, '**attributes**'에서 '**Select Attributes**'를 클릭합니다. 그리고 Select Attributes 화면에서 왼쪽 영역에 변수 att3과 변수 att23을 남기고 나머지 변수는 오른쪽 영역으로 이동합니다. 이동했으면 'Apply'를 클릭합니다. 원래의 Parameters 뷰로 돌아왔으면 'reuse results'에 체크합니다. 'attribute name macro'에 'loop_attribute'라는 값이 입력돼 있습니다. 여기에는 반복 처리할 때마다 처리 대상 변수명이 저장됩니다.

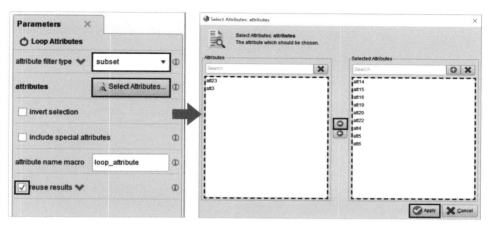

그림 7-20-b. Loop Attributes 오퍼레이터의 배치

Loop Attributes 오퍼레이터도 Subprocess 오퍼레이터와 마찬가지로 내부 구조를 가질 수 있습니다. Loop Attributes 오퍼레이터를 더블 클릭하고 내부에 **Generate Attributes** 오퍼레이터를 배치하고 그림 7-20-c와 같이 선을 연결합니다. Generate Attributes 오퍼레이터는 새롭게 변수를 만들 때 사용하지만 기존 변수의 값을 갱신할 수도 있습니다. 여기서는 후자의 용도로 사용합니다.

여기서 Generate Attributes 오퍼레이터는 기존의 설명 변수의 값을 −1부터 1사이로 얻기 위해 1000으로 나눠 갱신합니다. Parameters 뷰의 'function descriptions'에서 'Edit List...'를 클릭하고 새로운 변수명과 그 값을 입력합니다. Edit Parameter List 화면에서는 변수명으로 'attribute name'에 '%{loop_attribute}'라고 입력합니다. 이건 Loop Attributes 오퍼레이터로부터 물려받는 매크로명입니다. 그리고 변수의 값으로 'function expressions'에 '%{loop_attribute}/1000'이라고 입력합니다. 이는 기존의 각 변수의 값을 1000으로 나눈 값을 갱신합니다. 설정했으면 'Apply'를 클릭합시다. Parameters 뷰로 돌아왔으면 Change compatibility를 클릭해 '6.4.000'으로 변경합니다.

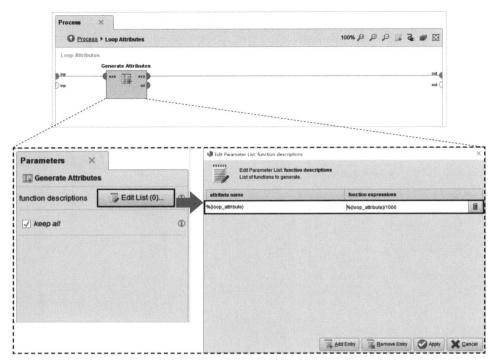

그림 7-20-c. Generate Attributes 오퍼레이터의 배치와 설정

원래 Process 뷰로 돌아와 Loop Batches 오퍼레이터를 설정합니다.

(8) Loop Batches 오퍼레이터

이 오퍼레이터는 데이터를 1행씩 CSV 파일에 출력하기 위해 사용합니다. Parameters 뷰의 'batch size'에 '1'이라고 입력합니다. 이 오퍼레이터도 내부 구조를 가질 수 있습니다. Loop Batches 오퍼레이터를 더블 클릭하고 내부에 **Remember** 오퍼레이터, **Extract Macro** 오퍼레이터, **Select Attributes** 오퍼레이터, **Write CSV** 오퍼레이터를 배치합니다.

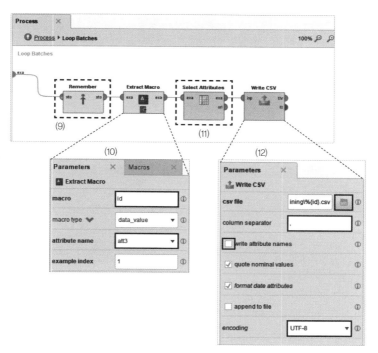

그림 7-20-d. 4가지 오퍼레이터의 배치와 설정

Remember 오퍼레이터는 지정된 수의 데이터를 임시 영역에 저장합니다. Extract Macro 오퍼레이터는 매크로를 정의하기 위해 사용합니다. Select Attributes 오퍼레이터는 데이터에서 변수를 선택합니다. Write CSV 오퍼레이터는 데이터를 CSV 파일로 저장합니다.

(9) Remember 오퍼레이터

이 오퍼레이터는 1개 위 계층의 Loop Batches에서 설정한 배치 크기 1을 물려받아 데이터를 1행씩 읽습니다. Parameters 뷰에서 'name'에 'batch'라고 입력하고 'io object'에 'ExampleSet'를 선택합니다.

(10) Extract Macro 오퍼레이터

이 오퍼레이터는 일시적으로 사용할 변수를 만들어 기존 변수의 값을 저장합니다. Parameters 뷰에서 'macro'에는 'id'라고 입력하고, 'macro type'을 'data_value'로 선택합니다. 그리고 'attribute name'에서 'att3'을 선택하고 'example index'를 '1'로 입력합니다. 이것으로 1행씩 읽어 들인 데이터 변수 att3(병원 번호)의 값이 변수 id에 저장됩니다. 이 변수는 나중에 데이터를 출력하기 위한 파일명으로 사용합니다. Extract Macro 오퍼레이터에서 마우스 오른쪽 버튼을 클릭하고 Breakpoint After를 선택한 다음 프로세스를 실행합니다. 그리고 왼쪽에 추가한 Macros 뷰에서 변수 id의 값을 확인합니다.

Macros 뷰에서 정의한 변수 id에 변수 att3의 값이 저장돼 있음을 알 수 있습니다. 또한 Results 화면에서 1행씩 데이터가 읽히고 있음을 알 수 있습니다.

그림 7-20-e. 매크로 값과 출력 결과의 확인

(11) Select Attributes 오퍼레이터

이 오퍼레이터는 최종적으로 출력하고자 하는 변수를 선택하기 위해 사용합니다. Parameters 뷰의 'attribute filter type'을 'subset'으로 선택합니다. 그리고 'attribute'에서 'Select Attributes...'를 클릭하고 새로운 화면에서 선택하고 싶은 변수를 선택합니다. invert selection과 include special attributes에 체크합니다. 왼쪽 영역에 변수 att3과 변수 att23 이외의 나머지를 남기고 변수 att3과 변수 att23을 오른쪽 영역으로 이동합니다. 이동했으면 'Apply'를 클릭합니다.

(12) Write CSV 오퍼레이터

이 오퍼레이터는 변수 id를 파일명으로 해서 데이터를 1행씩 CSV 파일로 저장합니다. 우선 저장한 CSV 데이터를 저장할 폴더를 같이 만들어 둡니다. 데스크톱의 NNC 폴더 아래 sample_dataset 폴더에 horse 폴더를 만듭니다. horse 폴더에는 설명 변수만의 학습용 CSV 파일을 출력할 **training** 폴더와 설명 변수만의 평가용 CSV 파일을 저장할 **validation** 폴더도 만듭니다. 예를 들어 training 폴더의 위치는 다음과 같습니다.

C:\Users\<user_name>\Desktop\neural_network_console_110\samples\sample_dataset\horse\
training
※ <user_name>은 PC 사용자명입니다.

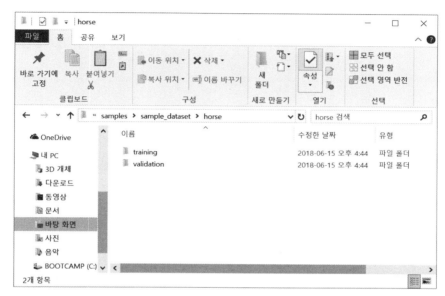

그림 7-20-ᅥ. CSV 파일 출력 폴더 만들기

오퍼레이터의 파라미터를 설정해 봅시다. Parameters 뷰의 'csv file'의 폴더 아이콘을
클릭하고 출력할 CSV 파일의 저장 위치를 선택합니다.

CSV 파일의 저장 위치는 방금 만든 training 폴더로 합니다. 그리고 파일명에 '%{id}'라고
입력합니다.

column separator에는 ','(콤마)를 입력해 출력 데이터가 콤마로 구분되게 합니다. write
attribute names의 체크를 해제해서 출력 데이터에 항목명(변수명)을 출력하지 않도록
합니다. encoding은 UTF-8을 선택해 출력 데이터의 문자 코드를 UTF-8로 합니다.

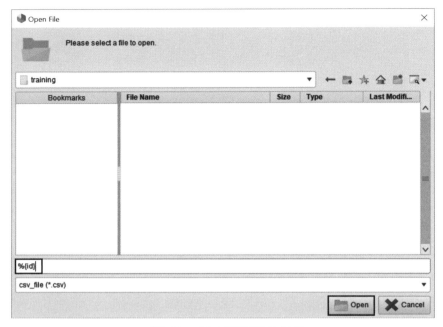

그림 7-20-g. CSV 파일의 출력 폴더 선택

여기까지 설정했으면 실행 버튼을 클릭합니다. 배치한 오퍼레이터에 브레이크 포인트가 설정돼 있으면 해제합니다.

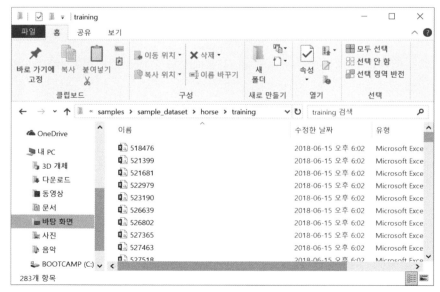

그림 7-20-h. 래피드마이너로부터 출력한 학습 데이터

이로써 학습에 사용할 데이터 세트 중 설명 변수만 출력한 CSV 파일을 만들었습니다.

계속해서 앞에서 출력한 CSV 데이터를 저장한 폴더 경로와 정답 값을 가진 CSV 데이터를 만들어 봅시다. Operators 뷰에서 **Select Attributes** 오퍼레이터, **Generate Attributes** 오퍼레이터, **Rename** 오퍼레이터, **Select Attributes** 오퍼레이터, **Write CSV** 오퍼레이터를 찾아 그림 7-21-a와 같이 배치합니다.

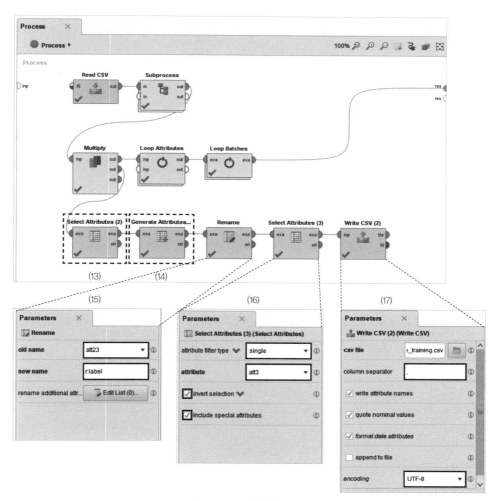

그림 7-21-a. 오퍼레이터 5개 배치

Rename 오퍼레이터는 변수명을 변경합니다.

▍(13) Select Attributes 오퍼레이터

이 오퍼레이터는 최종적으로 출력하고 싶은 변수를 선택하기 위해 사용합니다. Parameters 뷰의 'attribute filter type'은 'subset'을 선택합니다. 그리고 'attribute'에서 'Select Attributes...'를 클릭하고 새로운 화면에서 선택하고 싶은 변수를 선택합니다. 왼쪽 영역에 변수 att3과 변수 att23 이외의 나머지를 남기고 변수 att3과 att23을 오른쪽 영역으로 이동합니다. 이동했으면 'Apply'를 클릭합니다.

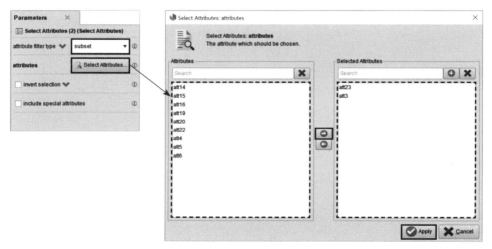

그림 7-21-b. Select Attributes 오퍼레이터의 설정

▍(14) Generate Attributes 오퍼레이터

이 오퍼레이터는 전에 출력한 설명 변수만의 CSV 파일을 저장한 폴더 경로명과 파일명을 저장하는 변수를 만듭니다.

Parameters 뷰의 'Edit List...'를 클릭하면 Edit Parameter List 화면이 열립니다. 변수명으로 'attribute name'에 'x:data'라고 입력합니다. 그리고 변수의 값으로 'function expressions'에 'concat("./training/", str([att3]), ". csv")'라고 입력합니다. concat은 문자열을 결합하는 함수이며, 여기서는 '" "'(큰따옴표)로 감싼 3개의 문자열을 결합합니다. str은 변수의 데이터형을 문자열형으로 변환하는 함수이며, 여기에서는 변수 att3을 integer 형(정수형)에서 str 형(문자열형)으로 변환합니다.

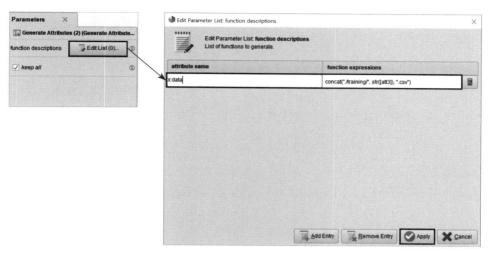

그림 7-21-c. Generate Attributes 오퍼레이터의 설정

(15) Rename 오퍼레이터

이 오퍼레이터는 정답 값을 저장한 목적 변수 att23의 명칭을 NNC가 입력 데이터로 받을 수 있는 명칭으로 변경합니다. Parameters 뷰의 'old name'에서 'att23'을 선택합니다. 그리고 'new name'에는 'y:label'이라고 입력합니다.

(16) Select Attributes 오퍼레이터

이 오퍼레이터는 출력하는 CSV에 불필요한 변수 att3을 제외하기 위해 사용합니다. Parameters 뷰의 'attribute filter type'에서 'single'을 선택합니다. 그리고 'attribute'에서 'att3'을 선택합니다. 아울러 'invert selection'에 체크합니다. Select Attributes 오퍼레이터는 기본적으로 선택한 변수를 남기는데, 'invert selection'에 체크를 해서 반대로 처리되게 합니다. 즉, 선택한 변수를 뺍니다. 또 'include special attributes'에도 체크합니다. Select Attributes 오퍼레이터는 기본적으로는 분석의 역할을 가진 변수에는 설정한 처리를 하지 않습니다. 'include special attributes'에 체크해서 역할을 가진 변수도 설정한 처리가 되게 합니다.

(17) Write CSV 오퍼레이터

이 오퍼레이터는 설명 변수를 저장한 CSV 파일의 경로를 저장한 변수 x:data와 정답 값을 저장한 목적 변수 y:label을 CSV 파일로 저장합니다. Parameters 뷰의 'csv file' 폴더 아이콘을 클릭하고 저장할 CSV 파일의 저장 위치를 선택합니다.

CSV 파일의 저장 위치는 방금 만든 horse 폴더로 합니다. 그리고 파일명은 'horse_training'을 입력합니다. column separator에는 ','(콤마)를 입력해 출력 데이터가 콤마로 구분되게 합니다. Encoding은 UTF-8을 선택해 출력 데이터의 문자 코드를 UTF-8로 합니다.

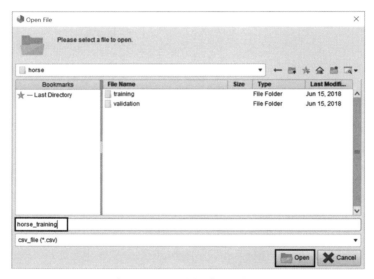

그림 7-21-d. CSV 파일의 출력 폴더를 선택

여기까지 설정했으면 실행 버튼을 클릭합니다. 만약 배치한 오퍼레이터에 브레이크 포인트가 설정돼 있으면 해제합니다.

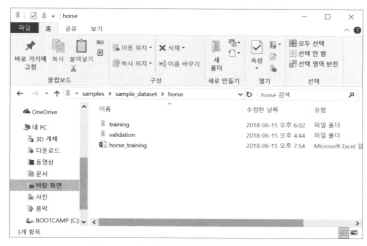

그림 7-21-e. 래피드마이너로부터 출력한 학습 데이터

이렇게 해서 설명 변수만의 CSV 파일로의 폴더 경로와 목적 변수에 따라 구성된 데이터를 만들었습니다.

지금까지 학습용 데이터 세트를 만들었습니다. 이제까지 만든 프로세스를 저장합시다.

Design 화면 윗부분의 저장 아이콘을 클릭합니다. 새로 열린 화면에서 'Local Repository'를 펼쳐 임의의 다른 이름으로 저장합니다. 저장한 프로세스는 Repository 뷰에서 확인할 수 있습니다. 이 책에서는 horse_training으로 합니다.

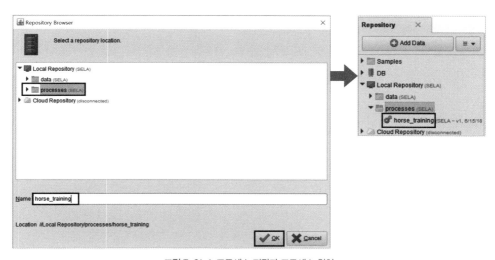

그림 7-21-f. 프로세스 저장과 프로세스 위치

학습용 데이터 세트를 만들었으면 이어서 평가용 데이터 세트를 만듭니다.

7.1.8 래피드마이너를 사용한 데이터의 전처리 – NNC 입력 형식으로의 변환(평가 데이터)

학습용 데이터 세트를 만든 프로세스를 복사해서 오퍼레이터의 일부 설정을 변경해 평가용 데이터 세트를 만듭시다. 우선은 앞에서 만든 프로세스를 다른 이름으로 저장합니다.

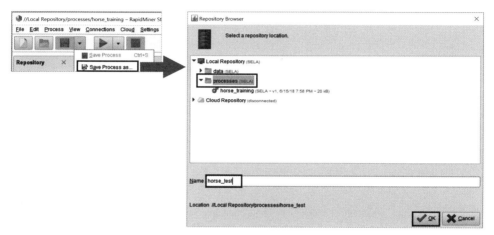

그림 7-22-a. 프로세스를 다른 이름으로 저장

저장 위치는 학습용 데이터 세트를 만든 위치와 똑같이 Local Repository로 합니다. 임의의 이름을 붙여 저장합니다. 저장한 프로세스는 Repository 뷰에서 확인할 수 있습니다. 이 책에서는 horse_test로 합니다.

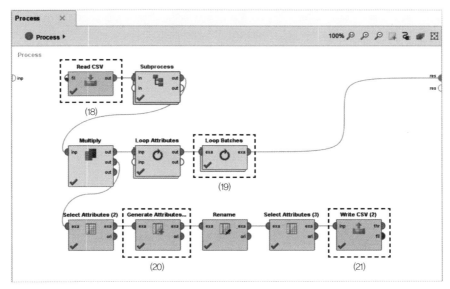

그림 7-22-b. 평가용 데이터 세트 만들기 프로세스

그다음 오퍼레이터의 설정을 변경합니다.

(18) Read CSV 오퍼레이터

이 오퍼레이터의 Parameters 뷰에서 읽을 CSV 파일을 평가 데이터 세트로 변경합니다.

Parameters 뷰의 'csv file'의 오른쪽에 있는 폴더 아이콘을 클릭합니다. 새롭게 열린 화면의 읽을 파일의 종류에서 'All Files'를 선택하고 읽어 들인 파일은 평가 데이터 세트인 'horse-colic.test'를 선택합니다. 설정했으면 'Open'을 클릭합니다.

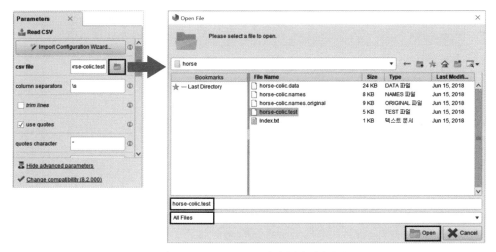

그림 7-22-c. Read CSV 오퍼레이터의 설정 변경

(19) Loop Batches 오퍼레이터

이 오퍼레이터를 더블 클릭하고 그 내부에 있는 Write CSV 오퍼레이터의 설정을 변경합니다.

Write CSV 오퍼레이터의 Parameters 뷰에서 'csv file'의 오른쪽에 있는 폴더 아이콘을 클릭하고 CSV 파일의 출력 위치를 변경합니다. 새로 열린 화면에서 앞에서 만든 validation 폴더를 선택하고 파일명에 '%{id}'라고 입력합니다. 설정했으면 'Open'을 클릭합니다.

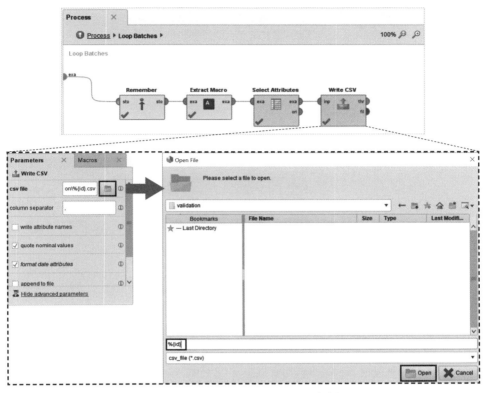

그림 7-22-d. Write CSV 오퍼레이터의 설정 변경

원래 Process 뷰로 돌아가서 설정 변경을 계속합시다.

(20) Generate Attributes 오퍼레이터

이 오퍼레이터의 Parameters 뷰에서 'Edit List...'를 클릭합니다.

Edit Parameter List 화면에서 변수명으로 'attribute name'에 'x:data'를 입력합니다. 그리고 변수의 값으로 'function expressions'에 'concat("./validation/", str([att3]), ".csv")'라고 입력합니다.

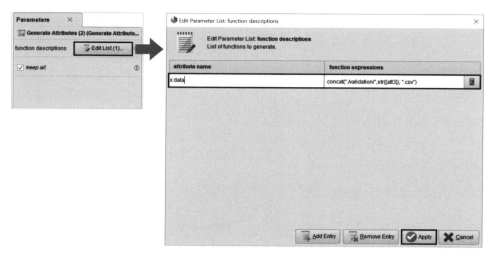

그림 7-22-e. Generate Attributes 오퍼레이터의 설정 변경

(21) Write CSV 오퍼레이터

이 오퍼레이터의 Parameters 뷰에서 저장하는 CSV 파일명을 변경합니다.

Parameters 뷰의 'csv file'의 오른쪽에 있는 폴더 아이콘을 클릭하고 새로 열린 화면에서 파일명을 'horse_test'라고 입력합니다.

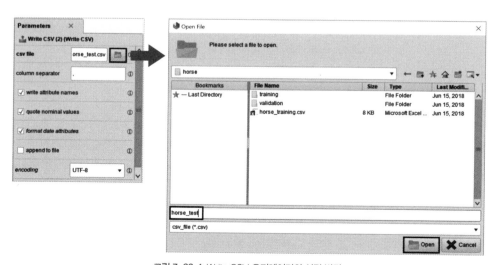

그림 7-22-f. Write CSV 오퍼레이터의 설정 변경

여기까지 설정했으면 실행 버튼을 클릭합시다. 만약 배치한 오퍼레이터에 브레이크 포인트가 설정돼 있으면 해제합니다.

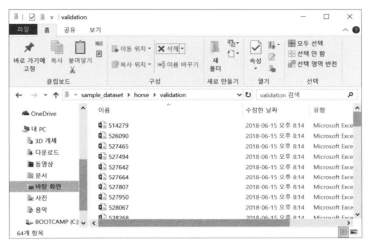

그림 7-22-g. 래피드마이너로부터 출력한 평가 데이터 세트

이렇게 해서 설명 변수의 CSV 파일과 설명 변수만의 CSV 파일로의 폴더 경로와 목적 변수에 따라 구성되는 데이터를 만들었습니다.

이상의 처리로 평가용 데이터 세트 만들기를 완료했습니다. 여기까지 만든 프로세스를 저장해 둡시다.

1장의 1.1.2에서 '데이터의 전처리는 거의 작업 전체 시간의 60~70% 정도를 차지한다'고 했습니다. 그 말을 실감할 수 있을 것입니다.

그럼 이제 NNC 구현에 들어가 보겠습니다.

7.2 데이터 세트의 등록

NNC를 실행하고 DATASET 화면을 엽니다. 7.1절에서 만든 데이터 세트를 등록합니다.

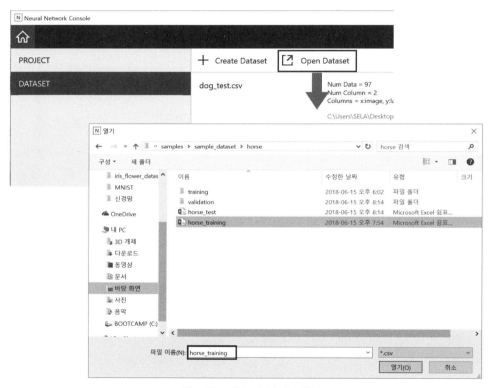

그림 7-23-a. 학습 데이터 세트 등록

'Open Dataset'를 클릭하고 7.1절에서 만든 학습 데이터 세트 **horse_training.csv**를 선택합니다. 학습 데이터 세트는 다음 위치에 있습니다.

C:\Users\<user_name>\Desktop\neural_network_console_110\samples\sample_dataset\horse
※ <user_name>은 PC 사용자명입니다.

학습 데이터 세트를 등록한 다음, 같은 절차로 평가 데이터 세트 **horse_test.csv**도 등록합니다. 평가 데이터 세트도 학습 데이터 세트와 같은 위치에 있습니다.

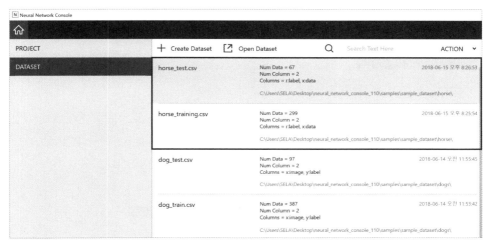

그림 7-23-b. 학습과 평가 데이터 세트의 등록 완료

DATASET 화면의 목록에서 학습 데이터 세트 horse_training.csv와 평가 데이터 세트 horse_test.csv가 등록돼 있음을 알 수 있습니다.

그림 7-23-c. 학습 데이터의 내용

학습 데이터와 평가 데이터 모두 세 개의 변수 Index, y:label, x:data로 구성돼 있습니다. 변수 Index에는 데이터 번호(일련번호)가 저장되고 변수 x:data에는 설명 변수만의 CSV 데이터가 저장돼 있습니다. 그리고 변수 y:label에는 데이터가 생존한 경우 '0', 사망한 경우 '1'이라는 값이 저장돼 있습니다.

7.3 네트워크 만들기

신경망을 사용해 말의 생존과 사망을 분류해 봅시다. 먼저 프로젝트를 만듭니다. 4장 4.1절에서 실행한 프로젝트 01_logistic_regression을 변경해 구현합니다. PROJECT 화면에서 **01_logistic_regression.sdcproj**를 클릭해 프로젝트를 엽니다.

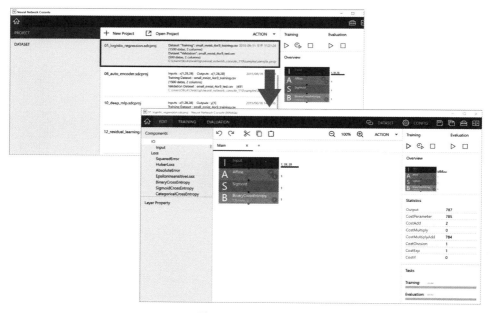

그림 7-24. 프로젝트의 복제

표시된 EDIT 화면의 오른쪽 위에 표시된 겹쳐 있는 플로피 디스크 아이콘을 클릭하고 임의의 위치에 임의의 이름으로 저장합니다.

이어 EDIT 화면에 표시돼 있는 네트워크를 수정합니다.

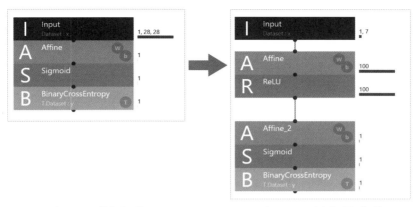

그림 7-25-a. 원래 네트워크   그림 7-25-b. 이번에 만들 네트워크

그림 7-25-a에 있는 네트워크는 그레이 스케일 이미지의 분류용으로 만든 것입니다. 이번에는 구조화 데이터를 분류하고자 그림 7-25-b에 있는 네트워크를 만듭니다.

'Input'(입력층)의 'Size'(입력 데이터의 크기)를 '1, 7'로 변경합니다. 각 CSV 데이터가 1행 7열을 갖기 때문입니다.

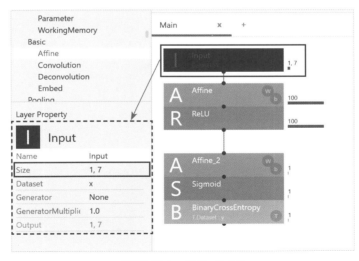

그림 7-26. Input의 Size를 수정

그리고 입력층과 출력층 사이에 중간층으로 'Affine'(전결합층)과 'ReLU'(활성화 함수)의 컴포넌트를 추가합니다. 'Affine'의 'OutShape'(출력 크기)는 '100'으로 하고 기타 설정은 변경하지 않습니다. 또 'ReLU'의 설정은 변경하지 않습니다.

기타 기능의 설정은 그대로 사용합니다. 이 기초가 되는 네트워크에 대해서는 4장에서 설명했습니다. 각 컴포넌트의 파라미터에 대해서는 4장을 확인하세요. 여기서는 네트워크 기능의 개요만 설명합니다.

'Input'(입력층)에서 'Affine'(중간층)으로 입력 크기 '1, 7'인 데이터가 전달됩니다. 각 CSV 데이터가 1행 7열을 갖기 때문입니다.

'Affine'의 계산에는 활성화 함수로 'ReLU'(ReLU 함수)를 사용하고, 'Affine'에서 'Affine_2'(출력층)로 입력 크기 '100'의 데이터를 전달합니다.

'Affine_2'의 계산에는 활성화 함수로 'Sigmoid'(시그모이드 함수)를 사용하고, 'Affine_2'에서 크기 '1'의 데이터가 출력됩니다. 출력값은 '0'이나 '1'입니다. 이때, 오차 함수로 2개 값의 교차 엔트로피를 사용합니다.

이렇게 만든 네트워크를 파악했으니 다음은 학습과 평가에 사용할 데이터 세트를 선택합시다.

7.4 데이터 세트의 선택

DATASET 화면에서 학습과 평가에 사용할 데이터 세트를 선택합니다. 먼저 학습 데이터 선택입니다.

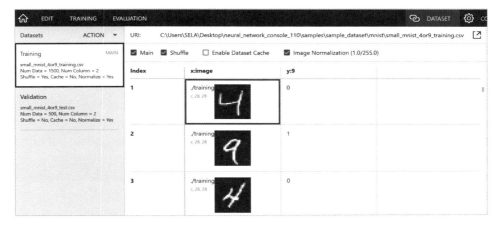

그림 7-27-a. 학습 데이터의 선택

학습 데이터로 학습용 Small MINIST 데이터가 선택돼 있습니다. 'Training'의 URI(폴더 경로) 오른쪽 끝의 아이콘을 클릭합니다.

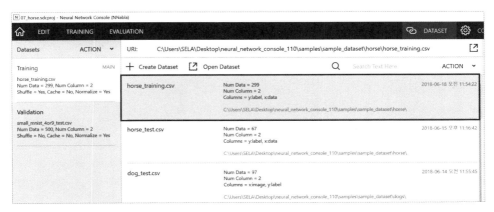

그림 7-27-b. 학습 데이터의 선택

학습 데이터 horse_training.csv를 선택합니다.

그림 7-27-c. 학습 데이터의 선택

학습 데이터로 horse_training.csv가 설정됐습니다. 같은 절차를 거쳐 평가 데이터로 horse_test.csv를 설정합니다.

그림 7-27-d. 평가 데이터의 선택

URI 아래의 'Main', 'Shuffle', 'Image Normalization(1.0/255.0)'은 설정을 그대로 사용합니다. 이어서 학습 조건을 설정해 봅시다.

7.5 학습 조건의 설정

CONFIG 화면에서 학습 조건을 설정합시다.

'Global Config' 화면에서 'Max Epoch'와 'Batch Size'를 변경합니다.

- ▶▶▶ Project Description: 자유롭게 설명을 쓸 수 있는 칸입니다.

- ▶▶▶ Max Epoch: 에포크 수(≒ 학습 횟수)를 설정합니다. 여기서는 '500'으로 합니다.

- ▶▶▶ Save Best: 가장 오차가 작았던 에포크(≒ 학습 횟수)의 네트워크를 저장한다면 체크하고, 최종 에포크의 네트워크를 저장한다면 체크를 해제합니다. 여기서는 체크합니다.

- ▶▶▶ Batch Size: 미니 배치 학습에 사용할 데이터 크기를 설정합니다. 여기서는 '32'로 합니다.

- ▶▶▶ Structure Search: 네트워크 구조의 최적화에 대해 설정합니다. 이 경우, 네트워크의 최적화는 '없음'입니다.

그림 7-28-a. Global Config 설정

'Optimizer' 화면에서는 설정을 변경하지 않고 그대로 사용하는데, 복습 삼아 각 항목을 다시 살펴봅시다.

▶▶▶ Network: 학습 대상 네트워크명을 설정합니다. 여기서는 EDIT 화면에 표시돼 있는 네트워크 Main입니다.

▶▶▶ Dataset: 학습에 사용할 데이터 세트를 설정합니다. 여기서는 DATASET 화면에서 설정한 학습 데이터 'Training'입니다.

▶▶▶ Updater: 가중치의 최적화 기법을 선택하고 그것에 관한 파라미터를 설정합니다. 여기서는 'Adam'을 선택하고 파라미터는 기본값을 그대로 사용합니다.

▶▶▶ Update Interval: 파라미터를 갱신하는 간격을 설정합니다. 여기서는 '1'입니다.

▶▶▶ Weight Decay: 가중치의 감쇠 계수를 설정합니다. 여기서는 '0'입니다.

▶▶▶ Learning Rate Multiplier: 학습 계수를 감쇠시키는 계수를 설정합니다. 여기서는 '1'입니다.

▶▶▶ LR Update Interval: 학습 계수를 감쇠시키는 간격을 미니 배치 단위로 설정합니다. 여기서는 '1'입니다.

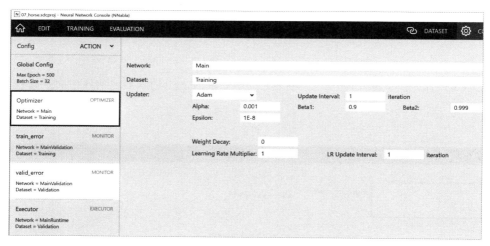

그림 7-28-b. Optimizer의 설정

그 외 'train_error', 'valid_error', 'Executor' 세 가지 CONFIG 화면은 모두 설정을 변경하지 않고 그대로 사용합니다.

네트워크 만들기, 데이터 세트의 선택, 학습 조건의 모든 설정을 완료했으니 이제 학습을 실행해 봅시다.

7.6 학습의 실행

지금 열려 있는 CONFIG 화면의 오른쪽에 학습과 평가를 실행하는 버튼이 각각 배치돼 있습니다.

'Training' 탭 아래의 실행 버튼(오른쪽 삼각형 아이콘)을 실행해 봅시다. 학습의 실행은 EDIT 화면, TRAINING 화면, EVALUATION 화면에서도 할 수 있습니다.

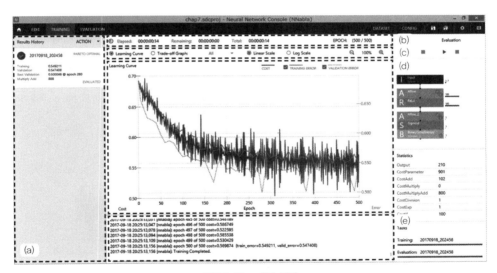

그림 7-29-a. 학습 결과

TRAINING 화면의 각 뷰를 복습해 둡시다.

(a) 학습 결과 목록(Results History)

과거의 학습 결과가 목록으로 표시되고 각 결과를 확인할 수 있습니다.

(b) 학습 진행 정보

'Elapsed'는 학습 시작부터 현재까지의 경과 시간, 'Remaining'은 현재부터 학습 종료(예측)까지의 시간, 'Total'은 학습 시작부터 학습 종료(예측)까지의 시간, 'DATA'는 현재까지 평가가 완료된 데이터 수를 나타냅니다.

(c) 그래프 설정

'Learning Curve'를 선택하면 (d)의 그래프 모니터에 학습 곡선이 표시되며, 'Trade-off Graph'를 선택하면 (d)의 그래프 모니터에 과거의 학습 결과 전체의 오차가 표시됩니다.

'Linear Scale'을 선택하면 그래프는 실제 길이로 표시되고 'Log Scale'을 선택하면 그래프는 로그축으로 표시됩니다. 돋보기 아이콘을 클릭하면 그래프를 축소 · 확대해 표시할 수 있습니다.

(d) 그래프 모니터

(c)의 그래프 설정에서 Learning Curve를 선택하면 학습 곡선을 표시합니다.

(e) 로그

학습 횟수마다 실행 이력을 표시합니다.

(d)의 그래프 모니터의 학습 곡선을 확인해 봅시다.

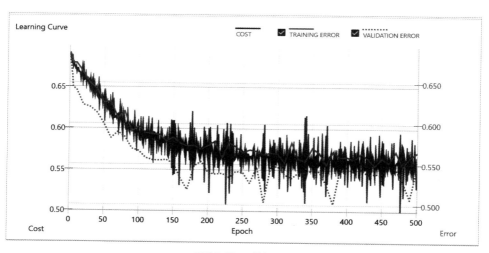

그림 7-29-b. 학습 곡선

가로축은 에포크 수(≒학습 횟수), 왼쪽의 세로축은 학습 데이터의 비용 함수의 값, 오른쪽의 세로축은 학습과 평가 데이터의 오차 함수의 값입니다. 단기 에포크로 오차가 수렴하고 있는 것을 알 수 있습니다.

7.7 평가의 실행

TRAINING 화면의 오른쪽에 평가를 실행하는 버튼이 배치돼 있습니다. 'Evaluation' 탭 아래의 실행 버튼(오른쪽 삼각형 아이콘)을 실행해 봅시다. 평가 실행은 EDIT 화면, CONFIG 화면, EVALUATION 화면에서도 할 수 있습니다.

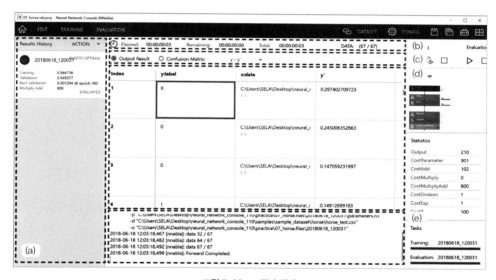

그림 7-30-a. 평가 결과

EVALUATION 화면의 각 뷰를 복습해 둡시다.

(a) 학습 결과 목록(Results History)
과거의 학습 결과가 목록으로 표시되고 그 각각의 결과를 확인할 수 있습니다.

(b) 학습 진행 정보
'Elapsed'는 학습 시작부터 현재까지의 경과 시간, 'Remaining'은 현재부터 학습 종료(예측)까지의 시간, 'Total'은 학습 시작부터 학습 종료(예측)까지의 시간, 'DATA'는 현재까지 평가가 완료된 데이터 수를 나타냅니다.

(c) 표시 정보 선택

'Output Result'를 선택하면 (d)의 평가 결과에는 각 평가 데이터의 출력 결과가 표시됩니다. 'Confusion Matrix'를 선택하면 (d)의 평가 결과에 혼동 행렬과 모델 정밀도가 표시됩니다.

(d) 평가 결과

(c)의 표시 정보 선택에서 Output Result를 선택하면 각 평가 데이터의 출력 결과가 표시됩니다.

(e) 로그

평가의 실행 이력을 표시합니다.

(d)의 평가 결과의 출력 결과와 혼동 행렬을 확인해 봅시다.

Index	y:label	x:data	y'
10	1	C:\Users\SELA\Desktop\neural_r 1, 7	0.735230863094
11	0	C:\Users\SELA\Desktop\neural_r 1, 7	0.439999133348
12	1	C:\Users\SELA\Desktop\neural_r 1, 7	0.551085889339
13	1	C:\Users\SELA\Desktop\neural_r 1, 7	0.721746146679

그림 7-30-b. 평가 결과

○ Output Result ⦿ Confusion Matrix:	y - y'		
	y'=0	y'=1	Recall
y:label=0	43	4	0.9148
y:label=1	10	10	0.5
Precision	0.8113	0.7142	
F-Measures	0.8599	0.5882	
Accuracy	0.7910		
Avg.Precision	0.7628		
Avg.Recall	0.7074		
Avg.F-Measures	0.7240		

그림 7-30-c. 혼동 행렬

평가 데이터에는 애초에 변수 Index, x:data, y:label에 각각 값이 저장돼 있습니다. 변수 Index에는 데이터 번호(일련번호), 변수 x:data에는 설명 변수만의 데이터가 저장되고 변수 y:label에는 데이터가 생존하면 '0', 데이터가 사망하면 '1'의 값이 저장됩니다.

그림 7-30-b의 변수 y'에는 평가 데이터에 신경망을 사용하여 학습해 만든 모델을 적용하고 얻은 출력 결과가 저장돼 있습니다. 예를 들어, Index10의 y'는 '0.735230863094'입니다. Index11의 y'는 '0.439999133348'입니다. 양쪽 y' 출력값은 y:label에 저장된 정답 값과 다소 거리가 있습니다.

그림 7-30-c에 혼동 행렬과 모델의 정밀도가 표시돼 있습니다. 혼동 행렬의 '43'은 생존 데이터이며(정답: y:label) 생존으로 분류된(출력: y') 개수를 의미합니다. 오른쪽 윗부분의

'4'는 생존 데이터인데 사망으로 분류된 개수, 왼쪽 아래의 10은 사망한 데이터인데 생존으로 분류된 개수, 10은 사망 데이터이고 제대로 사망으로 분류된 개수를 의미합니다.

또 생존 데이터에 대한 재현율(Recall)은 43 ÷ (43 + 4) ≒ 0.9148입니다. 사망 데이터에 대한 재현율은 10 ÷ (10 + 10) = 0.5입니다. 생존 데이터에 대한 적합률(Precision)은 43 ÷ (43 + 10) ≒ 0.8113입니다. 사망 데이터에 대한 적합률은 10 ÷ (4 + 10) = 0.7142입니다. 사망 데이터에 대한 재현율을 높여야 합니다.

모델의 정밀도는 (43 + 10) ÷ (43 + 4 + 10 + 10) ≒ 0.7910입니다. 정밀도 79.1%로 생존과 사망을 분류할 수 있다는 뜻입니다.

7장 정리

이 장에서는 구조화된 말의 생존 데이터를 사용해 딥러닝을 구현하는 방법을 설명했습니다.

먼저 데이터 분석 소프트웨어 래피드마이너의 전처리 기능을 사용해 기본 데이터로부터 NNC를 구현할 수 있는 형식의 데이터 세트를 만들었습니다. 이 데이터 전처리가 전체 작업 시간의 60~70% 전후로 걸린 것을 이 장에 할애한 페이지 수를 보고도 알 수 있습니다. 그리고 실제로 처리에 걸린 시간을 봐도 실감할 수 있었을 것입니다. 데이터 세트를 표현하는 방법이 해석 결과의 정밀도를 좌우합니다.

이번 예제의 경우, 전처리를 간단히 했기 때문에 설명 변수로 수치 데이터만 선택하고 다항 데이터는 뺐습니다. 다항 데이터를 선택한다면 더미 코딩 등의 기법을 적용해 수치 데이터로 변환해야 합니다. 래피드마이너에는 더미 코딩 기능을 가진 오퍼레이터도 갖추어 있으니 시험해 보세요.

그리고 이 장에서는 4장과 5장의 복습을 겸해 신경 회로망을 만들고, 데이터 세트를 선택, 학습 조건을 설정했습니다. 분류 정밀도는 79.1%로 나쁘지는 않지만 재현율이 낮은 것이 문제였습니다. 이 문제는 정답 값 중 사망한 데이터 수가 생존한 데이터 수에 비해 적은 것이 그 원인의 하나입니다.

이런 경우 샘플링을 해서 생존과 사망의 데이터 수를 비슷한 정도가 되게 조정하면 됩니다. 그러려면 다시 데이터를 전처리해야 합니다. 래피드마이너에는 샘플링 기능을 가진 오퍼레이터도 갖춰져 있으니 시험해 보세요.

▌인용

[1] Lichman, M.(2013). UCI Machine Learning Repository 'http://archive.ics.uci.edu/ml'. Irvine, CA: University of California, School of Information and Computer Science.

[2] https://archive.ics.uci.edu/ml/datasets/Iris

[3] https://rapidminer.com/

[4] https://rapidminer.com/resource/gartner-magic-quadrant-data-science-platforms/

[5] https://my.rapidminer.com/nexus/account/index.html#downloads

[6] https://docs.rapidminer.com/studio/

[7] https://archive.ics.uci.edu/ml/datasets/Horse+Colic

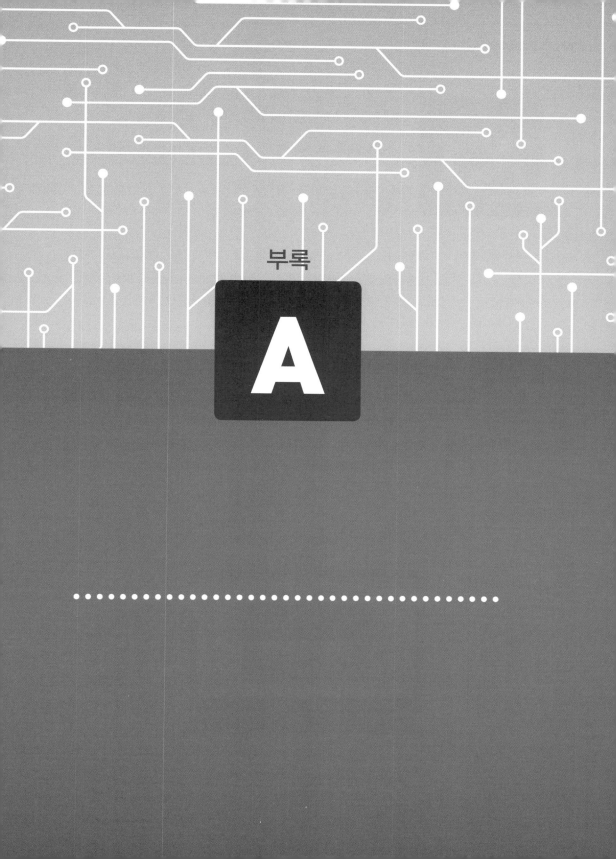

부록

A

NNC에 대응하지 않는 OS가 설치된 PC에 NNC 설치하기

3장에서 윈도우 10이 설치된 PC에 NNC를 설치하는 방법을 설명했습니다. NNC는 윈도우 8.1 이상인 PC에서만 동작하며 윈도우 7 이하의 버전, 맥, 리눅스 OS PC에서는 동작하지 않습니다[6]. 여기서는 윈도우 7(64bit)이 설치된 PC에 윈도우 10(64bit)이 설치된 가상 PC 환경을 구축해 가상 PC에 NNC를 설치하는 방법을 설명합니다.

A.1.1 VirtualBox의 설치

인스톨러 내려받기

가상 PC를 구축해 동작하기 위해 여기서는 가상화 소프트웨어 버추얼박스(Oracle VM VirtualBox)를 사용합니다. 먼저 이 버추얼박스의 인스톨러를 내려받습니다.

> 이 장은 '윈도우 8.1 이상의 PC 없이 NNC의 동작을 검증해 보고 싶은' 사람을 위한 설명을 담고 있습니다. 가상 PC에는 윈도우 10(64bit) 평가판을 설치합니다. NNC를 계속 사용할 때는 윈도우 10의 라이선스를 구입하세요.

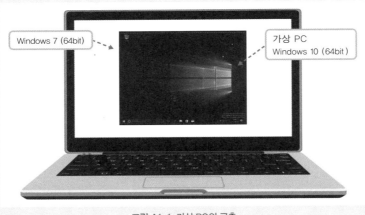

그림 A1-1. 가상 PC의 구축

---

6 OS에 의존하지 않고 브라우저에서 동작하는 클라우드판 NNC가 2017년 11월에 출시되었습니다.

버추얼박스 내려받기 사이트에서 'Windows hosts'를 클릭해 윈도우용 인스톨러를 내려받습니다. 2017년 8월 기준, 인스톨러의 버전은 5.1.26입니다. 이 책에서는 버전 5.1.22를 사용하는데, 버전이 다르더라도 설치 방법에는 큰 차이가 없습니다.

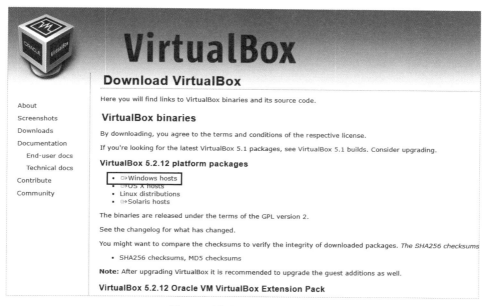

그림 A1-2. 버추얼박스 인스톨러 내려받기

버추얼박스의 설치

내려받은 인스톨러 VirtualBox-5.1.22-115126-Win.exe를 실행하고 버추얼박스를 설치합니다.

그림 A1-3-a의 왼쪽 화면에서 'Next>'를 클릭해 설치를 진행합니다.

그림 A1-3-a의 오른쪽 화면에서 설치 폴더가 이미 정해 있는 위치(Location의 오른쪽에 표시된 위치)로 문제가 없으면 아무 것도 변경하지 않고 'Next>'를 클릭합니다.

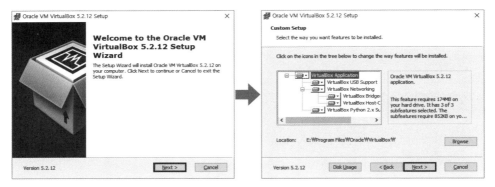

그림 A1-3-a. 버추얼박스 설치(1)

그림 A1-3-b 왼쪽의 화면에서 네트워크 접속이 잠시 끊기기 때문에 네트워크 접속이 필요한 애플리케이션을 실행하고 있다면 정지하기 위해 'Yes'를 클릭합니다.

그림 A1-3-b 오른쪽 화면에서 데스크톱에 아이콘을 만드는 등 필요에 따라 체크하고 'Next>'를 클릭합니다.

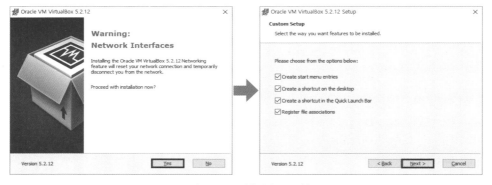

그림 A1-3-b. 버추얼박스 설치(2)

그림 A1-3-c의 왼쪽 화면에서 설정 내용을 변경하려면 '<Back'으로 되돌아가 수정합니다. 문제가 없으면 'Install'을 클릭합니다.

그림 A1-3-c의 오른쪽 화면에서 윈도우에서 인스톨러를 신뢰하는지 물어보면 '"Oracle Corporation"의 소프트웨어는 항상 신뢰(A)'에 체크하고 '설치(I)'를 클릭합니다.

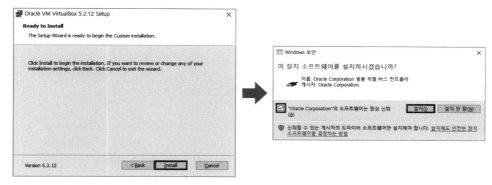

그림 A1-3-c. 버추얼박스 설치(3)

잠시 기다리면 설치가 완료됩니다. 그림 A1-3-d 오른쪽 화면에서 'Finish'를 클릭하면 버추얼박스 매니저가 동작합니다.

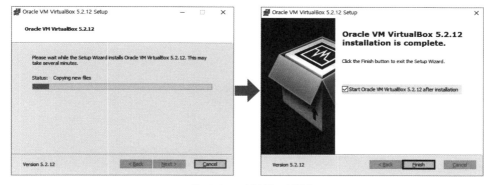

그림 A1-3-d. 버추얼박스 설치(4)

A.1.2 윈도우 10의 설치

이제 가상 PC에 윈도우 10 엔터프라이즈(평가 버전)를 설치합니다.

인스톨러 내려받기

OS의 디스크 이미지를 내려받습니다. 마이크로소프트사의 TechNet Evaluation Center[2]에 접속합니다.

폼에 정보를 입력한 후 '**동의함**'을 클릭합니다.

그림 A1-4-a. 디스크 이미지 내려받기

'**ISO – Enterprise**'를 선택하고 '**동의함**'을 클릭합니다.

그림 A1-4-b. 디스크 이미지 내려받기

'64비트'와 '한국어'를 선택하고 '다운로드'를 클릭합니다.

그림 A1-4-c. 디스크 이미지 내려받기

그림 A1-4-d. 디스크 이미지 내려받기

내려받기가 시작됩니다. 디스크 이미지를 임의의 위치에 저장합니다.

▶▶▶ 파일명

17134.1.180410-1804.RS4_RELEASE_CLIENTENTERPRISEEVAL_OEMRET_X64FRE_KO-IR.ISO

가상 PC 만들기

버추얼박스 매니저 화면의 왼쪽 위에 표시돼 있는 '새로 만들기(N)'를 클릭합니다.

그림 A1-5-a 왼쪽 화면에서 가상 PC의 기본 정보를 설정합니다. 가상 PC의 이름은 **임의의 이름**(여기에서는 NNC_Win10)으로 합니다. OS 타입은 마이크로소프트 윈도우를 선택합니다.

OS 버전은 '**윈도우 10(64-bit)**'을 선택합니다. 설정했으면 '다음(N)'을 클릭합니다.

그림 A1-5-a의 오른쪽 화면에서 가상 PC에 할당되는 메모리 크기를 설정합니다. 여기서는 **2048MB**(변경 없이)로 합니다. 설정했으면 '다음(N)'을 클릭합니다.

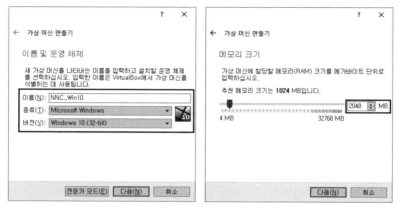
그림 A1-5-a. 가상 PC 만들기

그림 A1-5-b 왼쪽의 화면에서 가상 PC의 하드 디스크를 만듭니다. 여기서는 '**지금 새 가상 하드 디스크 만들기(C)**'를 선택합니다. 설정했으면 '만들기'를 클릭합니다.

그림 A1-5-b 오른쪽 화면에서 하드 디스크의 파일 유형을 선택합니다. 여기서는 '**VDI(버추얼박스 디스크 이미지)**'를 선택합니다. 설정했으면 '다음(N)'을 클릭합니다.

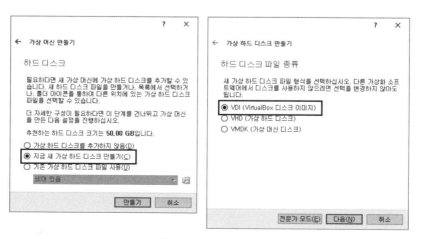
그림 A1-5-b. 가상 PC 만들기

그림 A1-5-c 왼쪽의 화면에서 하드 디스크의 크기 타입을 선택합니다. 여기서는 **'동적 할당(D)'**을 선택합니다. 설정했으면 '다음(N)'을 클릭합니다.

그림 A1-5-c 오른쪽 화면에서 하드 디스크의 크기를 설정합니다. 여기서는 50.00GB(변경 없이)로 합니다. 설정했으면 '만들기'를 클릭합니다.

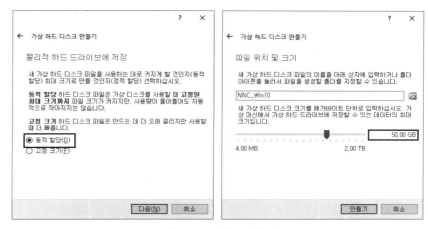

그림 A1-5-c. 가상 PC 만들기

가상 PC를 만들었습니다. 계속해서 이 가상 PC에 윈도우 10을 설치해 봅시다.

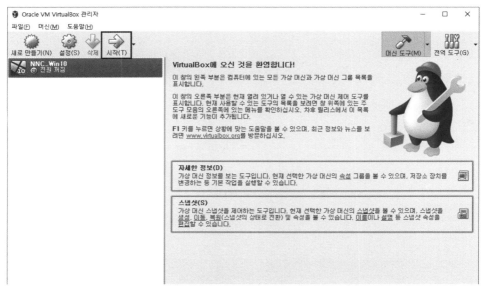

그림 A1-5-d. 가상 PC 만들기

윈도우 10 설치

그림 A1-5-d에 있는 버추얼박스 매니저로 만든 가상 PC를 선택한 상태로 '**시작(T)**'을 클릭합니다.

가상 PC를 실행하고 먼저 OS의 디스크 이미지를 읽습니다. 폴더 아이콘을 클릭하고 조금 전에 내려받은 디스크 이미지를 선택합니다.

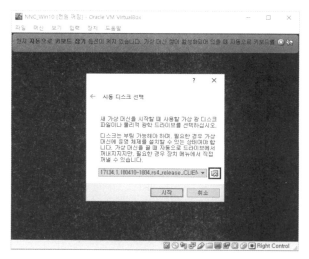

그림 A1-6-a. OS 설치

그림 A1-6-b 오른쪽 화면에서 '시작'을 클릭하고 잠시 기다리면 윈도우 10 설치 화면이 표시됩니다.

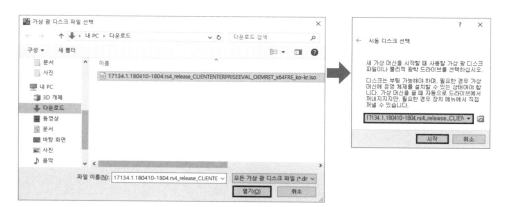

그림 A1-6-b. 디스크 이미지를 선택

각 항목에 대한 변경 없이 '**다음(N)**'을 클릭합니다.

그림 A1-7-a. 설치 설정

그림 A1-7-b 왼쪽 화면에서 '**지금 설치**'를 클릭해 설치를 시작합시다.

그림 A1-7-b 오른쪽 화면에서 라이선스를 확인한 후 '**동의함(A)**'에 체크하고 '**다음(N)**'을 클릭합니다.

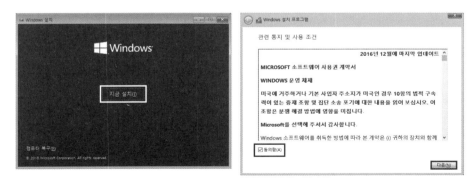

그림 A1-7-b. 설치 시작

그림 A1-7-c 왼쪽의 화면에서 '**사용자 지정: Windows만 설치(고급)(C)**'를 클릭합니다.

그림 A1-7-c 오른쪽 화면에서 현재 설정 그대로 '**다음(N)**'을 클릭합니다.

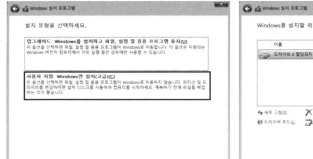

그림 A1-7-c. 설치 종류와 드라이브 선택

그림 A1-7-d 오른쪽 화면에서 '**다시 시작(R)**'을 클릭해 윈도우를 재시작합니다.

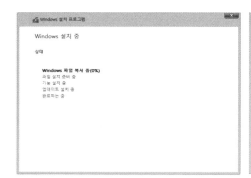

그림 A1-7-d. 설치 완료와 다시 시작

그림 A1-8-a. 윈도우 10의 기동

이제부터 윈도우를 사용하기 위한 설정을 진행해 봅시다.

그림 A1-8-b 왼쪽 화면에서 지역에 **'한국'**이 선택됐는지 확인하고 **'예'**를 클릭합니다.

그림 A1-8-b 오른쪽 화면에서 키보드 레이아웃에 **'Microsoft 입력기'**가 표시돼 있는 것을 확인하고 **'예'**를 클릭합니다.

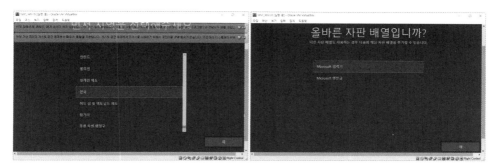

그림 A1-8-b. 지역과 키보드 설정

그림 A1-8-c 왼쪽 화면에서 키보드 레이아웃을 추가하지 않을 것이므로 **'건너뛰기'**를 클릭합니다.

업데이트할 프로그램이 있으면 그림 A1-8-c 오른쪽 화면처럼 표시되며 설치를 진행합니다. 그리고 이후 업데이트와 재시작이 여러 번 반복되므로 기다립니다.

그림 A1-8-c. 키보드 설정과 업데이트 확인

윈도우에 마이크로소프트 계정을 사용하고 로그인해도 되지만, 여기서는 새로 계정을 만들어 로그인합니다. 그림 A1-8-d 왼쪽 화면에서 **'대신 도메인 가입'**을 클릭합니다.

그림 A1-8-d 오른쪽 화면에서 임의의 계정명(여기서는 NNC로 합니다)을 입력하고 '**다음**'을 클릭합니다.

그림 A1-8-d. 계정 만들기

그림 A1-8-e 왼쪽의 화면에서 임의의 비밀번호를 설정하고 '**다음**'을 클릭합니다.

그림 A1-8-e 오른쪽 화면에서 설정한 비밀번호를 다시 입력하고 '**다음**'을 클릭합니다.

그림 A1-8-e. 비밀번호 설정과 확인

그림 A1-8-f 왼쪽의 화면에서 보안 질문을 적절하게 입력하고 '**다음**'을 클릭합니다.

그림 A1-8-f 오른쪽 화면에서 장치의 개인 정보 설정은 변경하지 않고 '**수락**'을 클릭합니다. 그러면 윈도우 10 데스크톱 화면이 표시됩니다.

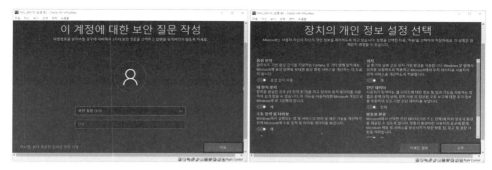

그림 A1-8-f. 코타나(Cortana)와 디바이스 설정

윈도우를 종료하거나 재시작하려면 그림 A1-8-g 오른쪽 그림과 같이 왼쪽 아래의 시작 버튼을 클릭해 종료를 선택합니다.

그림 A1-8-g. 데스크톱 화면 표시

그러고 나서 3장 3.3절과 같은 순서로 NNC를 설치합니다.

A.1.3 신경망 콘솔(NNC)의 설치

사전 준비

NNC가 동작하려면 Microsoft Visual C++ 2017 재배포 가능 패키지를 설치해야 합니다. 그래서 우선 이 패키지의 인스톨러를 내려받습니다.

인스톨러 내려받기 사이트[3]를 열고 비주얼 스튜디오 2017용 Microsoft Visual C++ 재배포 가능 패키지를 확인한 다음 오른쪽의 x64를 선택하고 '**다운로드**'를 클릭합니다.

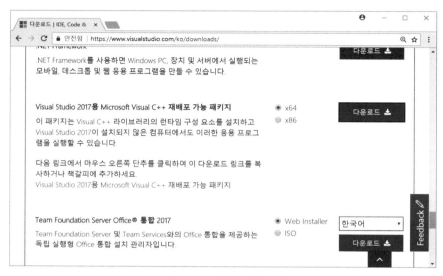

그림 A1-9-a. 패키지 다운로드(1)

여기서는 인스톨러를 다운로드 폴더에 저장합니다.

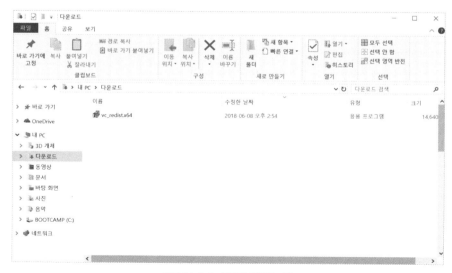

그림 A1-9-b. 패키지 다운로드(2)

다음으로 내려받은 인스톨러를 사용해 패키지를 설치합니다. 인스톨러 **vc_redist.x64. exe**를 더블클릭합니다. 인스톨러 실행 화면에서 '**동의함(A)**'에 체크하고 '**설치(I)**'를 클릭합니다.

그림 A1-10-a. 패키지 설치(1)

패키지 설치를 시작합니다.

그림 A1-10-b. 패키지 설치(2)

잠깐 기다리면 설치가 종료됩니다. '**닫기**'를 클릭합니다.

그림 A1-10-c. 패키지 설치(3)

이렇게 해서 사전 준비가 완료됐습니다.

NNC 내려받기

NNC 공식 사이트[4]를 열고 화면을 스크롤해서 메일 주소를 입력합시다. 그리고 'I agree and send'를 클릭합니다.

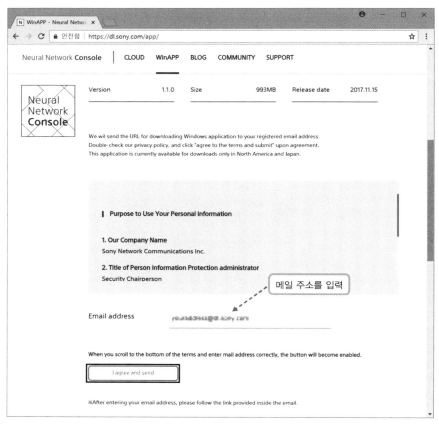

그림 A1-11. 메일 주소 등록

등록한 메일 주소에 NNC 애플리케이션의 내려받기, 동작 매뉴얼, 커뮤니티 링크가 게재된 메일이 도착합니다. 화면을 스크롤해서 NNC 애플리케이션의 내려받기 링크를 찾습니다. 'Download the Windows App'을 클릭하고 NNC 애플리케이션을 내려받습니다.

그림 A1-12. NNC 다운로드

NNC 애플리케이션 **neural_network_console_110.zip**을 적당한 위치에 저장합니다. 이 책에서는 다운로드 폴더에 저장합니다.

NNC 설치와 실행

NNC 애플리케이션은 압축돼 있으니 해제합니다. 이 책에서는 해제한 NNC 애플리케이션 폴더 **neural_network_console_110**을 바탕화면에 배치합니다. 폴더 내 첫 번째에 있는 **neural_network_console.exe**가 NNC를 시작하는 실행 애플리케이션입니다.

NNC의 실행

neural_network_console.exe를 더블 클릭하고 NNC를 실행합니다. 실행하면 Microsoft Visual C++ 2017 재배포 가능 패키지가 설치돼 있는지, GPU를 사용할 때는 NVIDIA의 그래픽 드라이버를 설치했는지를 확인하는 2개의 메시지가 표시됩니다. 내용을 확인했으면 **'확인'**을 클릭합니다.

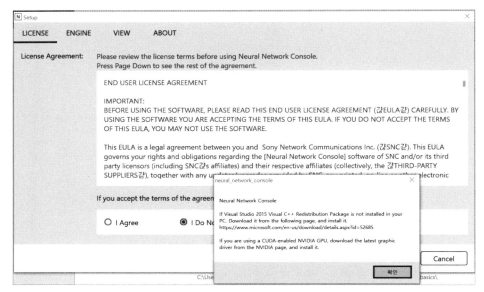

그림 A1-13. 메시지 확인

이 책에서는 CPU로 실행합니다. GPU를 사용한 실행에 대해서는 부록 A.2를 참고하세요.

LICENSE(라이선스) 화면에서 라이선스를 확인하고 내용에 동의하면 'I Agree'에 체크하고 'Apply'를 클릭합니다.

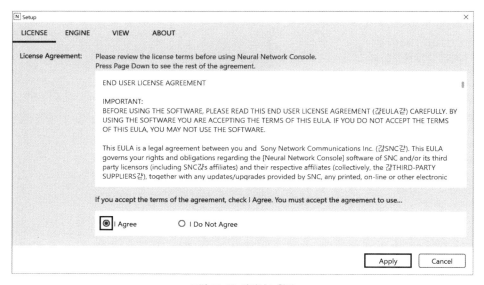

그림 A1-14. 라이선스 확인

PROJECT(프로젝트) 화면이 표시되면 실행이 완료된 것입니다.

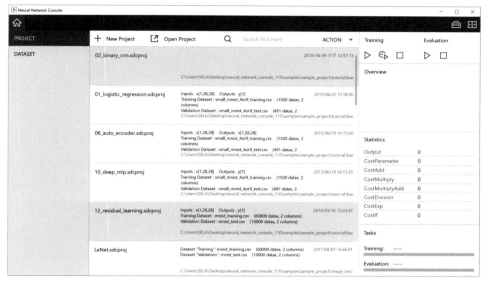

그림 A1-15. 프로젝트 화면의 표시

이렇게 해서 NNC를 사용해 구현할 준비를 갖췄습니다. 윈도우 8.1 이상의 OS가 설치된
PC가 없다면 이 부록의 내용을 바탕으로 환경을 구축해 NNC를 시험해 보세요. 본격적으로
NNC를 사용할 때는 윈도우 10 정규판으로 업그레이드하세요.

▍인용

[1]   https://www.virtualbox.org/wiki/Downloads

[2]   https://www.microsoft.com/ko-kr/evalcenter/evaluate-windows-10-enterprise

[3]   https://www.microsoft.com/ko-kr/download/details.aspx?id=52685

[4]   https://dl.sony.com/

A.2 머신러닝을 사용해 분류 문제를 해결해 보자!

7장에서 래피드마이너를 사용해 말의 생존 데이터를 전처리하고, NNC를 사용해 분류 문제를 풀었습니다. 래피드마이너는 머신러닝의 기법을 풍부하게 갖춘 데이터 분석 소프트웨어이기도 합니다. 여기에서는 7장과 마찬가지로 말의 생존 분류를 주제로 래피드마이너를 사용해 데이터의 전처리부터 분류 문제 풀기까지 구현해 보겠습니다.

A.2.1 데이터의 전처리

7장과 마찬가지로 UCI Machine Learning Repository 사이트의 Horse Colic Data Set 페이지의 데이터 세트를 사용합시다[1][2]. UCI Machine Learning Repository는 머신러닝 공부용으로 데이터 세트를 제공하는 사이트입니다. 그리고 Horse Colic Data Set은 말이 걸리는 병의 일종인 급경련통에 의한 생사 판정 데이터 세트입니다.

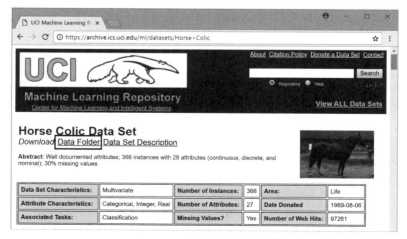

그림 A2-1-a. Horse Colic Data Set[1][2]

Data Folder 페이지에 있는 각 데이터는 7장의 구현으로 이미 임의의 폴더에 저장했습니다. 이 책에서는 다운로드 폴더 아래 horse 폴더에 저장했습니다.

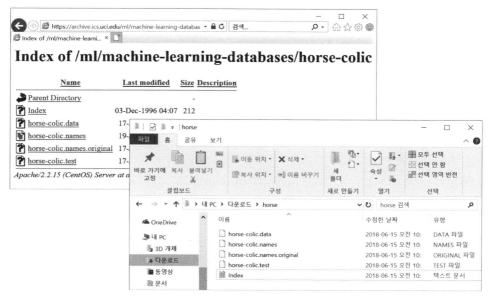

그림 A2-1-b. 데이터 세트 내려받기

구현에 필요한 데이터는 학습용인 horse-colic.data(300 레코드)와 평가용인 horse-colic.test(68레코드) 파일입니다.

그림 A2-1-c. horse-colic.data   그림 A2-1-d. horse-colic.test

이 2개의 데이터에는 항목명(변수명)이 없습니다. 변수명은 horse-colic.names 파일에 기재돼 있습니다.

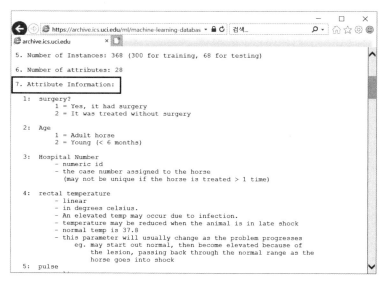

그림 A2-1-e. 데이터 세트의 변수명

전체 변수가 28개 있는데 구현에는 그중 9개를 사용합니다.

- 3 Hospital Number: 병에 따라 할당된 병원의 ID. 수치 데이터

- 4 rectal temperature: 직장(直腸) 온도. 수치 데이터

- 5 pulse: 맥박. 수치 데이터

- 6 respiratory rate: 호흡수. 수치 데이터

- 16 nasogastric reflux PH: 코를 통한 위 역류의 PH도(度). 수치 데이터

- 19 packed cell volume: 혈중 적혈구 용적. 수치 데이터

- 20 total protein: 단백질. 수치 데이터

- 22 abdominocentesis total protein: 복강천자(腹腔穿刺, 치료의 목적으로 복강에 주사로 체액을 빼는 것)의 단백질. 수치 데이터

- 23 outcome: 결과. 1(생존), 2(사망), 3(안락사)의 세 가지 값 데이터

이 가운데 설명 변수를 4~22번 변수, 목적 변수를 23번 변수로 합니다.

7장에서 만든 프로세스 중 학습 데이터 세트를 만드는 프로세스를 복제해 이번 프로세스를 만듭시다.

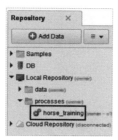

그림 A2-2-a. horse_training 프로세스를 연다

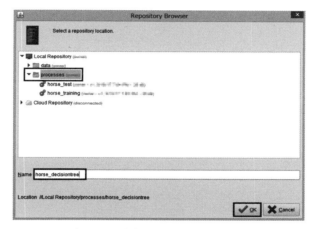

그림 A2-2-b. 열린 프로세스를 다른 이름으로 저장

Repository(레포지터리) 뷰의 'Local Repository'를 펼쳐 7장에서 임의의 이름으로 저장한 프로세스(이 책에서는 horse_training)를 더블 클릭해 엽니다. 그리고 Design(디자인) 화면 위의 저장 아이콘을 이용해 열린 프로세스를 다른 이름으로 저장합니다. 이 책에서는 horse_machine_learning으로 했습니다.

다른 이름으로 저장한 프로세스를 바탕으로 이번 프로세스를 만들어 보겠습니다.

그림 A2-2-c에 있는 오퍼레이터를 모두 선택해 삭제합니다. 그리고 실행 버튼을 클릭해서 프로세스를 실행하고 결과를 확인해 봅시다.

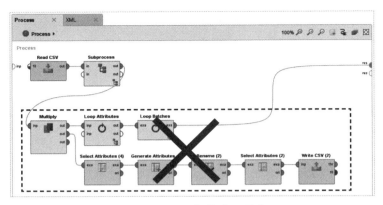

그림 A2-2-c. 불필요한 레코드 삭제

전처리한 데이터에 대한 결정 트리 기법을 사용해 학습과 평가를 수행합니다.

그림 A2-2-d. 삭제 후의 프로세스 결과 확인

A.2.2 결정 트리

결정 트리(Decision Tree)는 지도 학습 기법의 하나이며, 분류 모델을 만들 때 사용합니다.
1장에서 지도 학습을 다음과 같이 설명했습니다.

> 지도 학습에서는 정답 데이터(**목적 변수**라고 합니다)를 포함한 데이터 세트를 입력해 사용합니다. 이 데이터
> 세트를 **학습 데이터**라고도 합니다. 그리고 목적 변수를 제외한 나머지 데이터(**설명 변수**라고 합니다)로부터
> 얻은 출력 결과를 보면서 그 값에서 가능한 한 정답에 근접한 특징량을 찾아 모델을 만듭니다. 마지막으로
> 정답 데이터를 갖지 않는 데이터 세트에 대해 만든 모델을 적용하고 예측 결과를 얻습니다. 이 데이터 세트를
> **새로운 데이터**라고도 합니다.

이 예제의 목적 변수는 att23(outcome: 결과)이고 설명 변수는 att23 이외의 변수입니다.

결정 트리를 사용하면 데이터에서 추출한 규칙이 트리 구조로 표현됩니다. 이는 직관적으로 이해하기 쉽고 이용하기 쉬운 알고리즘으로 알려져 있습니다.

래피드마이너 프로세스로 돌아와 결정 트리의 기법을 사용해 봅시다. Design 화면의 Operators(오퍼레이터) 뷰에서 Decision Tree 오퍼레이터를 찾아내 Subprocess 오퍼레이터의 옆에 배치합니다.

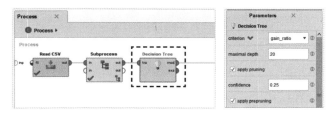

그림 A2-3-a. Decision Tree 오퍼레이터의 배치와 파라미터 설정

오퍼레이터의 파라미터를 변경하지 않고 그대로 실행 버튼을 클릭해 결과를 확인해 봅시다.

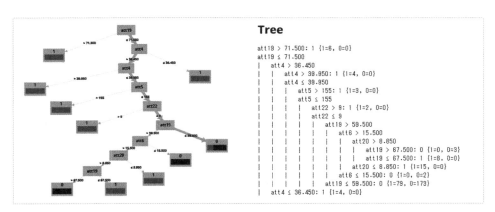

그림 A2-3-b. 만들어진 결정 트리 모델

Results(결과) 화면의 Graph(그래프) 뷰에서 생존과 사망의 분류 규정이 그림 A2-3-b의 왼쪽과 같은 트리 구조로 표현됩니다. 또 Description(상세) 뷰에서는 생존과 사망의 분류 규칙이 그림 A2-3-b의 오른쪽과 같은 텍스트 형식으로 표현됩니다.

결정 트리는 노드(변수 att)로 구성돼 있습니다. 가장 위의 노드(att19)는 나무의 '뿌리 노드'라고 불리며 가장 끝의 노드(0과 1)는 '잎 노드'라고 합니다.

자연의 나무에서는 뿌리에서 잎으로, 즉 아래에서 위로 갈라지는데, 결정 트리의 나무는 위에서 아래로 갈라집니다. 가지가 갈라지는 지점에는 규칙의 조건이 있습니다. 예를 들어 노드 att19 값이 71.500을 넘으면 말은 1(사망)로 분류됩니다. 또 노드 att19 값이 71.500 이하이고 att4의 값이 36.450 이하이면 말은 1(사망)로 분류됩니다. 규칙은 이런 식으로 읽을 수 있습니다.

뿌리 노드에서 잎 노드를 향해 차례로 분류에 영향을 주는 변수가 있습니다. 즉, 여기서는 뿌리 노드 att19(packed cell volume: 혈중 적혈구 용적)가 가장 많이 영향을 미치는 변수라고 할 수 있습니다.

잎 노드의 명칭 아래에 있는 바는 얼마만큼의 데이터양이 0이나 1로 분류됐는지를 나타냅니다. 바 색이 전부 빨간색(짙음)이거나 파란색(흐림)이면 잎은 0이나 1의 어느 한 쪽만의 데이터로 구성돼 있는 것입니다. 한편 가장 오른쪽의 잎은 대부분의 바가 거의 빨간색이며 일부가 파란색으로 구성돼 있습니다. 이는 노드의 순도에 따른 것으로, 순도를 높이면 단일 종류의 데이터만으로 분류되는 잎 노드가 만들어지는데 그렇게 되면 나무 구조가 복잡해집니다. 모델의 규칙이 복잡해지면 그 정밀도는 높아지지만 과잉 적합의 우려가 있습니다. 노드의 불순도를 어디까지 허용할지는 분석 목적에 따라 달라집니다.

결정 트리는 모든 변수를 한 번 확인해 가장 적합하게 분류하게 하는 규칙을 만듭니다. 각 설명 변수를 하나씩 사용해 목적 변수의 값을 바탕으로 분류 규칙을 만듭니다. 가장 적합하게 분류할 수 있는 변수를 트리의 뿌리 노드로 선택하고 그다음 적합하게 분류할 수 있는 변수를 그 아래 계층의 노드로 선택하는 식으로 가지를 늘려 나갑니다.

A.2.3 학습의 실행

학습 데이터 세트 horse-colic.data를 사용해 학습을 실행합시다. 1장에서 지도 학습을 할 때 교차 검증법(Cross Validation)이라는 검증 방법을 자주 사용한다고 설명했습니다. 교차 검증법을 다시 복습합시다.

교차 검증법에서는 우선 학습 데이터를 랜덤으로 분할하고 훈련(트레이닝) 데이터와 테스트 데이터를 만듭니다. 여기서는 데이터를 겹치지 않는 같은 크기의 10개로 분할하고 9개를 훈련 데이터, 1개를 테스트 데이터로 사용합니다.

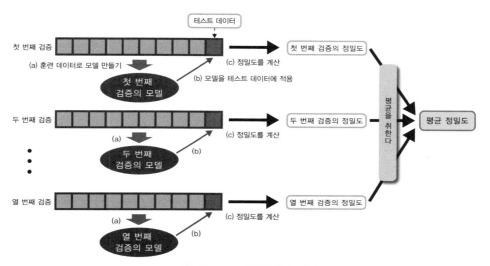

그림 A2-4-a. 교차 검증법의 이미지

첫 번째 검증에서는 왼쪽에서 9개의 훈련 데이터를 사용해 모델을 만듭니다. 그리고 그 모델을 테스트 데이터에 적용합니다. 테스트 데이터는 정답(목적 변수)을 갖고 있기 때문에 정답 값(참값)과 적용한 값(예측값)으로 모델의 정밀도를 계산합니다. 이때, 모델의 정밀도 계산에는 혼동 행렬(Confusion Matrix)을 사용합니다. 혼동 행렬에 대해서는 4장부터 7장까지의 내용을 참고하세요.

같은 방식으로 두 번째, 세 번째 검증을 반복하고 열 번째 검증이 끝나면 전체 정밀도의 평균을 취해 그것을 모델의 정밀도로 정합니다.

이제 래피드마이너 프로세스로 돌아가 교차 검증법을 구현해 봅시다. Design 화면의 Operators 뷰에서 **Cross Validation** 오퍼레이터를 찾아 Subprocess 오퍼레이터의 옆에 배치합니다.

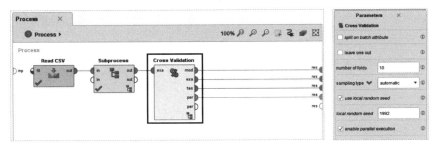

그림 A2-4-b. Cross Validation 오퍼레이터의 배치

Cross Validation 오퍼레이터는 교차 검증을 합니다. Parameters(파라미터) 뷰의 'use local random seed'에 체크하고 난수를 발생시키도록 설정합니다. Cross Validation 오퍼레이터는 내부에 훈련 영역(Training)과 테스트 영역(Testing)의 2가지 영역이 있습니다. 오퍼레이터를 더블 클릭해 훈련 영역에 2.2절에서 사용한 Decision Tree 오퍼레이터를 배치합니다. 테스트 영역에는 **Apply Model** 오퍼레이터와 **Performance** 오퍼레이터를 찾아 배치합시다. **Performance** 오퍼레이터에서 per는 per로, exa는 tes로 연결합니다.

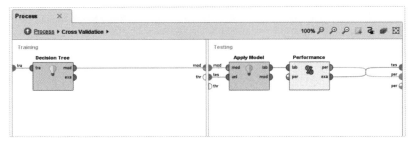

그림 A2-4-c. 오퍼레이터(Decision Tree, Apply Model, Performance)의 배치

Apply Model 연산자는 훈련 영역에서 만든 모델을 테스트 데이터에 적용하기 위해 사용합니다. Performance 오퍼레이터는 만든 모델의 정밀도와 혼동 행렬을 계산하기 위해 사용합니다. 각 오퍼레이터의 파라미터는 여기서는 변경하지 않습니다.

설정했으면 실행 버튼을 클릭해 프로세스를 실행합시다.

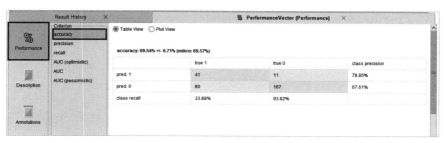

그림 A2-4-d. 모델의 정밀도와 혼동 행렬의 확인

Results 화면의 퍼포먼스 뷰(Performance)를 확인합시다. 모델 정밀도는 69.54%, 표준 편차는±6.71%입니다. 데이터를 평균 69.54% 정밀도로 분류하는 데 6.71% 오차가 있음을 알 수 있습니다.

A.2.4 평가의 실행

평가 데이터 세트 horse-colic.test를 사용해 모델을 평가해 봅시다. 평가 데이터 세트를 읽기 위한 전처리를 위해 Read CSV 관리자 Subprocess 오퍼레이터를 복사하고 붙여넣기해 배치합니다.

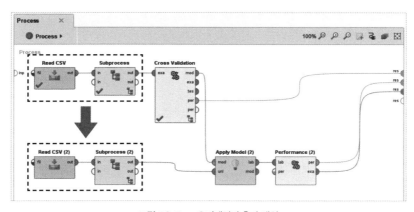

그림 A2-5-a. 오퍼레이터 추가 배치

복사하고 붙여넣기한 Subprocess 오퍼레이터에 이어서 Apply Model 오퍼레이터와 Performance 오퍼레이터를 배치합니다. 그리고 복사하고 붙여넣기한 Read CSV 오퍼레이터의 Parameters 뷰에서 데이터를 읽을 파일을 horse-colic.test로 변경합니다.

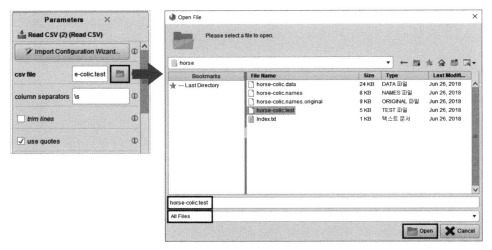

그림 A2-5-b. Read CSV 오퍼레이터의 파라미터 설정

기타 오퍼레이터의 파라미터는 변경하지 않습니다. 설정했으면 실행 버튼을 클릭해 프로세스를 실행합니다.

accuracy: 71.64%

	true 0	true 1	class precision
pred. 0	45	17	72.58%
pred. 1	2	3	60.00%
class recall	95.74%	15.00%	

그림 A2-5-c. 모델의 정밀도와 혼동 행렬 확인

Results 화면의 Performance 뷰를 확인합시다. 모델 정밀도는 71.64%입니다. 71.64%의 정밀도로 생존인지 사망인지를 분류하는데, 사망에 대한 재현율이 낮은 것이 문제입니다.

ExampleSet (67 examples, 5 special attributes, 7 regular attributes)   Filter (67 / 67 example

Row No.	att3	att23	prediction(att23)	confidence(1)	confidence(0)	att4	att5
1	528626	0	0	0.313	0.687	38.500	54
2	527950	0	0	0.313	0.687	37.600	48
3	535263	0	0	0.313	0.687	37.700	44
4	534523	1	0	0.313	0.687	37	56
5	528926	0	0	0.313	0.687	38	42
6	534922	0	0	0.313	0.687	37.998	60
7	527642	0	0	0.313	0.687	38.400	80
8	5279821	0	0	0.313	0.687	37.800	48
9	5275211	0	0	0.313	0.687	37.900	45
10	5278332	1	0	0	1	39	84

그림 A2-5-d. 모델 적용 결과 확인

아울러 결과 화면의 데이터 목록에서 테스트 데이터에 모델을 적용한 결과를 확인해 봅시다. att23은 정답 값, prediction(att23)은 출력 결과입니다. confidence(0)과 confidence(1)은 prediction(att23)이 0이나 1이라고 판단한 신뢰도입니다.

여기서도 7장과 같이 분류 정밀도가 극단적으로 낮은 것과 사망에 대한 재현율이 낮은 것이 문제입니다. 7장과 같은 조건에서 모델을 만들기 위해 설명 변수로 수치 데이터만 선택하고 다항 데이터는 제외했습니다. 다항 데이터를 선택하지 않은 것이 하나의 원인이라고 생각할 수 있습니다.

또 정답 값 중 사망 데이터 수가 생존 데이터 수보다 적었던 것도 원인의 하나로 생각합니다. 이런 때는 샘플링을 통해 생존과 사망의 데이터 수가 비슷한 정도가 되도록 조정하면 됩니다. 그러려면 데이터의 전처리로 돌아가야 합니다.

이런 식으로 래피드마이너의 오퍼레이터를 좀 더 사용하고 시험해 보세요. 래피드마이너는 결정 트리 외에도 머신러닝의 기법을 많이 갖추고 있습니다. 여러 가지로 시험해 보면 도움이 될 것입니다.

▌인용

[1] Lichman, M.(2013). UCI Machine Learning Repository 'http://archive.ics.uci.edu/ml'. Irvine, CA: University of California, School of Information and Computer Science.

[2] https://archive.ics.uci.edu/ml/datasets/Horse+Colic

책을 마치며

이 책을 통해 딥러닝의 사고방식과 기본적인 기법을 배우고 소니의 신경망 콘솔(NNC)을 사용해 구현하는 것까지 체험할 수 있습니다. 이 책을 읽기 전 딥러닝은 어려워서 엄두를 내지 못하던 사람도 다 읽고 나면 딥러닝을 사용해 무엇을 할 수 있는지 알게 되고 용도에 따라 구현할 수 있을 것 같은 생각이 들게 됩니다.

또한 여러 가지 패턴으로 구현해 보면서 "다른 데이터를 사용하면 어떻게 될까?", "사용 방법을 바꾸면 어떻게 될까?" 등 흥미나 깨달음을 얻은 사람도 있을 것입니다. 앞에서도 언급했지만, 이 책은 앞으로 딥러닝을 배우고 싶은 사람을 위한 입문서입니다. 입문 수단으로 프로그래밍을 하지 않고도 구현할 수 있는 신경망 콘솔을 활용했습니다. 앞으로 다른 서적도 참고하며 딥러닝의 기술을 습득하고 활용하세요.

한 가지 밝혀둘 점은 무엇이든 딥러닝을 사용한다고 좋은 것은 아니라는 점입니다. 딥러닝으로 만든 모델의 내부는 블랙박스 같아서 가령 센서 데이터를 사용해 기기의 고장 예측을 하고 싶을 때나 고장의 원인을 찾고 싶을 때, 또는 이해하기 쉬운 것이 가장 중요할 때는 적합하지 않습니다. 이때는 결정 트리 기법 등 기존의 머신러닝 기법을 이용하는 것이 좋습니다. 목적과 데이터의 종류에 맞게 여러 가지 기법을 사용하세요.

마지막으로 릭 텔레콤사의 카모 씨와 마츠모토 씨에게 집필하면서 수많은 유익한 조언과 지적을 비롯해 정말 많은 도움을 받았습니다. 또한 회사 구성원과 가족의 지원으로 이 책을 무사히 집필할 수 있었습니다. 많은 분에게 다시 한번 깊이 감사드립니다.

2017년 9월 아다치 하루카

R - S